Un tour de France pour les gourmets

Eine Frankreichreise für Feinschmecker

Erzählt und übersetzt
von Irène Kuhn

Deutscher Taschenbuch Verlag

dtv zweisprachig

Von Irène Kuhn sind
ebenfalls in der Reihe dtv zweisprachig erschienen:
‹De l'amour. Über die Liebe.
Aphorismen und andere Gedankensplitter› (dtv 9498)
‹Tour de France. Frankreich in kleinen Geschichten›
(dtv 9510)

Ausführliche Informationen über
unsere Autoren und Bücher
finden Sie auf unserer Website
www.dtv.de

MIX
Papier aus verantwortungsvollen Quellen
FSC® C013736

Originalausgabe 2014

Umschlagkonzept: Balk & Brumshagen
Umschlagfoto: Christophe Meyer
Satz: Greiner & Reichel, Köln
Druck und Bindung: Kösel, Krugzell
Gedruckt auf säurefreiem, chlorfrei gebleichtem Papier
Printed in Germany · ISBN 978-3-423-09522-8

L'art culinaire est plus important que l'art littéraire.
Et on peut très bien vivre sans savoir lire,
tandis qu'il faut manger.

Robert de Roquebrune

Nord-Pas-de-Calais
Picardie
Haute-Normandie
Basse-Normandie
Île-de-France
Champagne-Ardenne
Lorraine
Alsace
Bretagne
Pays de la Loire
Centre
Bourgogne
Franche-Comté
Poitou-Charentes
Limousin
Auvergne
Rhône-Alpes
Aquitaine
Midi-Pyrénées
Languedoc-Roussilon
Provence-Alpes-Côte d'Azur

L'invitation au voyage

Vor mehr als hundertfünfzig Jahren forderte Baudelaire seine Leser zu einer imaginären Reise auf, dorthin, « wo alles Ordnung und Schönheit ist, Luxus und Sinnlichkeit ». Auch dieses Büchlein will zu einer Reise auffordern, zu einer etwas konkreteren und nicht ganz so luxuriösen, aber nicht minder genussreichen Tour de France.

Unsere Reise beginnt in Marseille: Vom Flughafen bis zum alten Hafen oder in die Calanques ist der Weg nicht sehr weit; schon bei der Landung, während die Maschine ein paar Minuten über dem Meer kreist, wird die Lust auf eine echte Bouillabaisse immer größer.

Und von Marseille aus führt die Reise zunächst nach Nizza, dann hundertfünfzig Kilometer nordwestwärts in die Provence, wo schon die frisch ausgegrabenen Trüffeln warten, und von dort aus dann nach Westen, über Montpellier und Toulouse (bzw. Castelnaudary) nach Bordeaux. Was immer dort auf den Tisch kommt, es wird uns fröhlich stimmen. Ein Abstecher in die Bretagne, ein verlängerter Abend in Paris, und so weiter, einmal die Runde durchs Hexagon, bis ins Elsass, wo sich der deutsche Genießer ganz langsam wieder auf die Köstlichkeiten seiner Heimat vorbereiten darf – wenngleich der Weg von der Foie gras zurück zur schwäbischen Flädlesuppe und zum bayerischen Wurstsalat oder zum hanseatischen Matjeshering mit einer gewissen Frustration einhergehen mag … Aber schließlich kann nach der kulinarischen

Rundreise eine kleine Fastenzeit nicht schaden. Eine Woche lang jeden Tag eine gesunde Ratatouille, ganz ohne Merguez oder Lammkeule, dann passen auch die alten Kleider wieder ! Das Eintauchen in das Weltkulturerbe der Franzosen könnte nämlich gewisse Spuren hinterlassen haben.

Wie bitte? Weltkulturerbe? Ja doch ! Im Jahre 2010 wurde die französische Küche von der UNESCO als « immaterielles Kulturgut der Menschheit » (« patrimoine culturel immatériel de l'humanité ») anerkannt. Darauf sind wir Franzosen ungeheuer stolz, auch wenn wir an der Immaterialität von Essen und Trinken gewisse Zweifel haben …

Die Autorin dankt allen Freunden, die ihr bei der Arbeit an diesem Büchlein mit Rat und Tat beigestanden haben : Alain, Gilles, Ghislaine und Jean-Marie. Ihr Dank gilt vor allem Ralf für seine liebevoll-strenge und immer konstruktive Kritik, und Beatrice, der ebenso geduldigen wie zuverlässigen Lektorin.

Merci à tous mes amis sans lesquels ce petit livre ne serait pas devenu ce qu'il est.

La bouillabaisse marseillaise

Pour préparer un voyage à Marseille avec sa petite amie, le jeune homme décide d'interroger les connaisseurs par internet :

« Je cherche un resto sympa où manger une bonne bouillabaisse. Merci de me conseiller. »

La réponse ne se fait pas attendre :

« À Marseille il n'y a pratiquement que les touristes qui mangent la bouillabaisse au restaurant ! »

Et l'explication est assez convaincante : en effet, les restaurants idylliques du vieux port sont très chers et la bouillabaisse pas toujours à la hauteur de son prix. En revanche, un peu plus loin, dans les calanques ou dans le vallon des Auffes, on se régale. Mais attention :

« Le cadre est magique, la bouillabaisse est excellente ; le seul problème, c'est qu'après il faudra dormir sur la plage parce que tu n'auras plus assez d'argent pour te payer une chambre à l'hôtel ! »

Que faire ? se demande le jeune homme. Après tout, dormir sur la plage n'est peut-être pas une mauvaise idée. L'été on ne mourra sans doute pas de froid ! Dommage qu'il ne fasse pas partie de la génération qui appréciait la bonne vieille chanson française. Sinon il se serait remonté le moral en écoutant un disque de Fernandel, qui dans les années cinquante-soixante du siècle dernier était sans doute – avec Marcel Pagnol – le Marseillais le plus célèbre.

Bouillabaisse aus Marseille

Zur Vorbereitung einer Reise nach Marseille, die er mit seiner Freundin unternehmen möchte, beschließt der junge Mann, über Internet die Kenner zu befragen:

«Ich suche ein nettes Restaurant, wo man eine gute Bouillabaisse essen kann. Bitte um Rat.»

Die Antwort lässt nicht lange auf sich warten:

«In Marseille essen praktisch nur die Touristen Bouillabaisse im Restaurant!»

Und die Erklärung dazu ist ziemlich überzeugend: Die idyllischen Restaurants im alten Hafen sind in der Tat sehr teuer und die Qualität der Bouillabaisse entspricht nicht immer dem Preis. Etwas weiter allerdings, in den Calanques oder im Vallon des Auffes schmeckt sie köstlich. Aber Vorsicht:

«Der Rahmen ist magisch, die Bouillabaisse hervorragend; das einzige Problem ist, dass du hinterher am Strand schlafen musst, weil du dann kein Geld mehr hast, um dir ein Hotelzimmer zu leisten!»

Was tun, fragt sich der junge Mann. Na ja, am Strand schlafen? Das ist vielleicht gar keine schlechte Idee. Im Sommer wird man da kaum erfrieren! Schade, dass er nicht zu der Generation gehört, die das gute alte französische Chanson zu schätzen wusste. Sonst hätte er sich zur Einstimmung eine Schallplatte von Fernandel aufgelegt, dem – neben Marcel Pagnol – vermutlich berühmtesten Marseiller der Fünfziger- und Sechzigerjahre des vorigen Jahrhunderts:

« Pour faire une bonne bouillabaisse
Il faut se lever de bon matin. (…)
Les courageux prennent leur canne
Et vont eux-mêmes la pêcher.
Mais le poisson passe et ricane,
Y a plus qu'à l'acheter au marché. »

Après leur sortie en mer, tôt le matin, les pêcheurs marseillais triaient leur poisson et le vendaient à la criée dans le vieux port. En 1976, la criée a été transférée dans un espace plus vaste et le marché aux poissons est devenu une salle de théâtre; mais de nombreux pêcheurs continuent de vendre leur poisson sur les quais du vieux port. Si l'amateur de bouillabaisse dont parle Fernandel ne part pas à la pêche lui-même, il a tout intérêt à se lever de bon matin malgré tout, car les pêcheurs sont de retour avant neuf heures et le meilleur poisson trouve des acquéreurs très vite !

À l'origine, il s'agissait cependant d'un plat simple et familial: en rentrant chez eux, les pêcheurs remplissaient une grande marmite d'eau de mer et y déposaient tout le poisson qu'ils n'avaient pas réussi à vendre – le second choix, dirions-nous aujourd'hui. Lorsque le contenu de la marmite se mettait à « bouillir », il fallait « baisser » le feu pour éviter que le poisson ne tombe en morceaux. Voilà donc toute l'étymologie du mot, les linguistes n'ont pas à se casser la tête. En revanche, on peut se demander pourquoi la bouillabaisse a fini par devenir ce plat

« Um eine gute Bouillabaisse zu machen
Muss man in aller Frühe aufstehen. (...)
Die Mutigen nehmen ihre Angelrute
Und fischen, was sie brauchen, selbst.
Aber der Fisch zieht vorbei und grinst sich eins,
Also nix wie los auf den Markt! »

Kamen die Marseiller Fischer nach ihrer Ausfahrt früh am Morgen in den Hafen zurück, sortierten sie ihre Beute und versteigerten die Fische im alten Hafen. 1976 wurde die Versteigerungshalle zugunsten einer größeren, nicht so zentral gelegenen aufgegeben; der alte Fischmarkt wurde zum Theater umgebaut. Aber viele Fischer verkaufen auch heute noch ihren Fisch am Kai des alten Hafens. Und der Bouillabaisse-Liebhaber, von dem Fernandel erzählt, tut also gut daran, früh aufzustehen, denn die Fischer sind vor neun Uhr zurück und der beste Fisch findet sehr schnell seine Käufer.

Ursprünglich war die Bouillabaisse jedoch ein schlichtes Familiengericht: Wenn die Fischer nach Hause kamen, füllten sie einen großen Topf mit Meerwasser und legten allen Fisch, den sie nicht verkaufen konnten, hinein – die zweite Wahl, würden wir heute sagen. Sobald der Inhalt des Topfes zu kochen begann *(bouillir)*, musste die Hitze zurückgenommen werden *(baisser le feu)*, damit der Fisch nicht zerfällt. Die Etymologie ist also ganz einfach nachzuvollziehen und die Linguisten brauchen sich nicht den Kopf zu zerbrechen. Man kann sich jedoch fragen, warum die Bouillabaisse am Ende

de luxe. Dans sa chanson, Fernandel nous livre un début de réponse :

« Une langouste est nécessaire,
De la baudroie et des favouilles,
Douze rascasses, un petit Saint-Pierre,
Huile, safran, ail et fenouil … »

Il suffit d'aller faire un tour chez un bon poissonnier, de regarder les prix des ingrédients proposés par Fernandel, et … tout s'explique.

Un certain nombre de restaurateurs se sont d'ailleurs regroupés pour défendre la « vraie » bouillabaisse et dans ce but ils ont mis au point une « Charte de la bouillabaisse marseillaise » qui fixe les règles de base que tous ceux qui proposent ce plat sur leur carte doivent respecter.

« Il n'est pas possible de normaliser la cuisine. En effet, il s'agit d'un art où le tour de main du Chef en fera la réussite. Cependant, la Bouillabaisse, plat marseillais par excellence, comporte des ingrédients bien précis qu'il importe d'utiliser, si l'on veut respecter la tradition et ne pas tromper le client », dit le préambule. Puis, après avoir brièvement retracé l'histoire du plat, elle apporte quelques précisions sur la manière de le servir :

« Le service de la Bouillabaisse marseillaise est laissé à l'appréciation du restaurateur, mais d'une façon générale cette préparation est servie dans deux plats différents : l'un pour le poisson, l'autre pour le bouillon. Selon le goût du convive, les deux pourront être mélangés dans une as-

ein solches Luxusgericht wurde. In seinem Chanson liefert uns Fernandel einen Teil der Erklärung:

> « Eine Languste gehört unbedingt dazu,
> Auch Seeteufel und Taschenkrebs,
> Zwölf Drachenköpfe, ein kleiner Petersfisch,
> Öl, Safran, Knoblauch und Fenchel … »

Es genügt wohl, einen guten Fischhändler aufzusuchen und sich die Preise der von Fernandel genannten Zutaten anzusehen, und … schon wird alles klar.

Eine Reihe von Restaurantbesitzern haben sich übrigens zur Verteidigung der « echten » Bouillabaisse zusammengetan und die « Charta der Marseiller Bouillabaisse » ausgearbeitet, worin die Grundregeln festgelegt wurden, die all diejenigen einhalten müssen, bei denen dieses Gericht auf der Speisekarte steht.

« Gute Küche kann nicht normiert werden. Kochen ist eine Kunst, bei der das Geschick des Kochs für den Erfolg entscheidend ist. Aber die Bouillabaisse, *das* Marseiller Gericht schlechthin, enthält ganz bestimmte Zutaten, die verwendet werden müssen, sofern man die Tradition respektieren und den Kunden nicht betrügen will », so heißt es da in der Präambel. Nachdem kurz auf die Geschichte des Gerichts verwiesen wird, erläutert die Charta, wie es aufgetragen werden soll:

« Jeder Restaurantbesitzer kann entscheiden, wie er die Bouillabaisse serviert, aber in der Regel geschieht es in zwei verschiedenen Gefäßen: das eine für den Fisch, das andere für die Suppe. Je nach Vorliebe des Gastes kann beides zusammen in einem tiefen Teller aufgetragen wer-

siette creuse ou bien servis à part. Mais une règle obligatoire est le découpage du poisson devant les convives. On servira également la rouille accompagnée de croûtons. »

Pour finir la charte établit la liste des « composants » de la bouillabaisse : il faut au minimum quatre sortes de poissons différents, rascasse, vive, rouget, saint-pierre, baudroie ou congre, selon les arrivages ; la langouste ou la cigale de mer sont facultatives. Parmi les autres ingrédients il y a nécessairement de l'huile d'olive, du safran et beaucoup d'ail. Et pour finir, il ne faut pas oublier que la bouillabaisse s'accompagne obligatoirement d'une « rouille », une mayonnaise à l'ail et au piment – d'où sa couleur et son piquant – et de croutons frottés d'ail. La chanson ne le dit pas de manière explicite, peut-être parce que Fernandel suggère de préparer la bouillabaisse tout en bécotant « une belle petite Marie-Louise ou bien Ninon ». Et les baisers à l'ail ne sont probablement pas du goût de ces demoiselles ...

Mais pour en revenir à notre jeune homme : il aura peut-être l'idée lumineuse d'acheter le poisson et tous les ingrédients au marché, puis de monter sa petite tente à deux places sur la plage et de tenter l'aventure sur son réchaud à gaz. Mais sa petite amie saura sans doute l'en dissuader. Au diable l'avarice ! Pour clore cette escapade gastronomique, une petite chambre d'hôtel, même modeste, vaut sûrement mieux qu'une tente ! Quitte à se serrer la ceinture un peu plus tard !

den. Aber der Fisch muss auf jeden Fall vor den Augen der Gäste zerlegt werden. Hinzu kommt dann noch die ‹Rouille› mit Croutons.»

Abschließend legt die Charta die Liste der Zutaten fest: Es müssen mindestens vier verschiedene Sorten Fisch sein, je nach Fang Drachenkopf, Petermännchen, Knurrhahn, Petersfisch, Seeteufel oder Meeraal. Languste oder Bärenkrebs können auch beigefügt werden, müssen aber nicht. Zu den weiteren Zutaten gehören unbedingt Olivenöl, Safran und viel Knoblauch. Nicht vergessen darf man die schon erwähnte «Rouille», eine rostfarbene Mayonnaise mit Knoblauch und scharfem Paprika – daher die Farbe und die Schärfe – und mit Knoblauch eingeriebene geröstete Brotwürfelchen. Das Chanson sagt das nicht so explizit, vielleicht deshalb, weil Fernandel vorschlägt, die Bouillabaisse gemeinsam mit einer «süßen Marie-Louise» oder einer Ninon zuzubereiten. Knoblauchküsse sind womöglich nicht ganz nach dem Geschmack dieser Damen …

Aber kommen wir doch zu unserem jungen Mann zurück: Vielleicht wird ihm einfallen, den Fisch und alle nötigen Zutaten auf dem Markt zu kaufen und dann am Strand sein Zweimannzelt aufzuschlagen und das Abenteuer auf dem Campingkocher zu wagen. Doch vermutlich wird ihm seine Freundin das noch rechtzeitig ausreden. Zum Teufel also mit der Sparsamkeit! Ein Hotelzimmerchen, auch ein ganz schlichtes, dürfte letztlich der bessere Abschluss dieses kulinarischen Ausflugs sein. Auf Sparkurs kann er dann später wieder schalten.

Couscous et merguez

Croyez-vous que le passé colonial de la France a laissé des traces dans notre vie de tous les jours?

Si l'on pose cette question à un Français aujourd'hui, il y a de fortes chances qu'il vous réponde par l'affirmative. Quelques femmes d'un certain âge, celles qui sont montées sur les barricades en mai 68 avec une chevelure rouge incandescent, vous diront peut-être que c'est grâce aux femmes arabes que le henné a fait son apparition en France à la fin des guerres coloniales et que jamais, au grand jamais, elles ne se seraient teint les cheveux avec des colorants chimiques ! De là à dire que sans henné, pas de barricades en mai 68 …

Mais parions que pour la plupart des Français, le souvenir post-colonial le plus vivant, ce sont le couscous et les merguez. À partir de 1962, avec l'arrivée massive des « pieds-noirs » à la fin de la guerre d'Algérie, ils sont devenus l'un des plats favoris des Français.

Même dans les régions de France où les traditions gastronomiques spécifiques sont les plus fortes (comme l'Alsace par exemple, ou la Bourgogne) personne n'ignore ce qu'est le couscous : un plat d'origine maghrébine – berbère plus exactement – à base de céréales particulières. Il contient obligatoirement des pois chiches, le plus souvent des raisins

Couscous und Merguez

Glauben Sie, dass Frankreichs koloniale Vergangenheit in unserem Alltagsleben Spuren hinterlassen hat?

Stellt man diese Frage heute einem Franzosen, so wird er sie höchstwahrscheinlich mit Ja beantworten. Einige Frauen mittleren Alters, jene die im Mai 68 mit feuerrotem Haar auf die Barrikaden gestiegen sind, werden vielleicht sagen, den arabischen Frauen sei es zu verdanken, dass nach dem Ende der Kolonialkriege in Frankreich das Henna aufgetaucht ist und dass sie selbst sich nie die Haare mit chemischen Mitteln gefärbt hätten, niemals! Was nicht heißen soll, dass es ohne Henna in Frankreich im Mai 68 keine Barrikaden gegeben hätte …

Aber wetten wir, dass für die meisten Franzosen Couscous und Merguez die lebendigste postkoloniale Erinnerung darstellen! Ab 1962, als nach dem Algerienkrieg die «Pieds-noirs» massiv nach Frankreich zurückdrängten, sind sie zu einer der Lieblingsspeisen der Franzosen geworden.

Selbst in den Gegenden Frankreichs, wo die eigenen gastronomischen Traditionen am stärksten verankert sind (wie zum Beispiel im Elsass oder im Burgund), weiß jeder, was Couscous ist: ein Gericht maghrebinischen – genauer gesagt berberischen – Ursprungs, das im Wesentlichen aus einem besonderen Getreide besteht. Es enthält immer Kichererbsen, meist auch Rosinen, dazu

secs, et il est accompagné d'un ragoût de légumes très épicé, mais aussi de poulet ou de viande de mouton, parfois de poisson. Mais attention : le mot « couscous » désigne tout d'abord la semoule de blé dur qui constitue la base de ce plat, devenu depuis quelques décennies déjà l'un des repas favoris des Français.

Les gourmets curieux ou les savants de la gastronomie, ceux qui cherchent toujours à connaître l'origine « véritable » de tout ce qu'ils ont sur leurs assiettes, ne sont pas d'accord entre eux, ni pour dater approximativement l'apparition du couscous dans la culture arabe – les thèses varient entre le IIIe siècle avant notre ère et le XIe siècle après Jésus-Christ ! – ni pour situer l'introduction du plat en Europe.
Les historiens, les géologues, les nutritionnistes et autres savants se livrent des bagarres interminables à ce sujet. Contentons-nous du regard que portent les historiens de la littérature sur la chose : ce serait François Rabelais qui, dès 1534 dans son ‹Gargantua› aurait parlé pour la première fois de couscous. On sait que Rabelais avait un penchant certain pour les descriptions de repas orgiaques et les scènes de ripailles. C'est ainsi qu'à diverses reprises il parle de « coscossons à la moresque », ou encore de « coscotons ». À voir le nombre de publications savantes, on s'aperçoit que les historiens de la littérature se sont eux aussi passionnés pour le problème. Mais pour les simples amateurs de couscous, ces débats semblent plutôt abstraits, pour ne pas dire vains. Retenons la théorie la plus convaincante, ou en tout

kommt ein stark gewürztes Gemüseragout, aber auch Huhn oder Hammelfleisch, manchmal auch Fisch. Aber Vorsicht: Das Wort «Couscous» ist zunächst die Bezeichnung für den Hartweizengrieß, der die Grundlage jenes Gerichts ausmacht, das in wenigen Jahrzehnten eine der Lieblingsspeisen der Franzosen geworden ist.

Die neugierigen Feinschmecker oder die gastronomischen Wissenschaftler, diejenigen, die stets den «wahren» Ursprung all dessen kennen wollen, was sie auf ihren Tellern haben, sind sich keineswegs einig, weder wenn es darum geht, das Erscheinen des Couscous in der arabischen Kultur zu datieren – die Thesen schwanken zwischen dem 3. Jahrhundert vor unserer Zeit und dem 11. Jahrhundert nach Christi Geburt! – noch in der Frage, wann das Gericht in Europa eingeführt wurde. Historiker, Geologen, Ernährungswissenschaftler und andere weise Leute führen endlose Diskussionen zu diesem Thema. Begnügen wir uns doch mit der Meinung der Literaturhistoriker. Es soll François Rabelais gewesen sein, der 1534 den Couscous in seinem ‹Gargantua› zum ersten Mal erwähnt hat. Man weiß, dass Rabelais eine große Vorliebe für Beschreibungen von Fressgelagen und kulinarischen Orgien hatte. Und so erwähnt er mehrfach *coscossons à la moresque* oder auch *coscotons*. Wenn man die Anzahl der wissenschaftlichen Veröffentlichungen betrachtet, erkennt man, dass auch die Literaturhistoriker sich leidenschaftlich mit dem Thema auseinandergesetzt haben. Aber für die einfachen Couscousliebhaber sind diese Debatten eher abstrakt, um nicht zu sagen sinnlos. Bleiben wir doch bei der überzeugendsten Theorie oder zumindest bei der

cas la plus amusante : au cours d'un voyage dans le Sud, Rabelais aurait goûté quelque part un « coscoton à la moresque ». Le cuisinier provençal – ou était-il même arabe? – qu'il n'a probablement pas manqué d'interroger sur ce qu'on lui servait, lui aurait tout simplement expliqué qu'il s'agissait d'un « couscous mouton ». Rabelais était-il un peu sourd? ou un peu ivre? Gageons que le cuisinier parlait vite, et c'est ainsi que le « couscous mouton » est devenu un « coscoton » !

Mais si le couscous a fait son entrée en littérature grâce à Rabelais, nulle trace chez lui de merguez et c'est bien dommage !

Tout comme le couscous, cette petite saucisse rouge très épicée a connu son heure de gloire en France au lendemain de la guerre d'Algérie. Et comme pour le couscous, toutes les régions d'Afrique du nord s'en disputent l'origine. Le comique algérien Moussa Lebkiri décrit la chose de manière très drôle : les Tunisiens, les Algériens, les Marocains, tous ont des arguments irréfutables pour s'approprier l'origine de la merguez. La thèse la plus convaincante est cependant celle des Algériens : « Le mot merguez vient du mot berbère *amrguaz, am* signifiant ‹comme› et *rguaz,* ‹l'homme›. Ainsi, vous l'aurez compris, la merguez ne désigne rien d'autre que le membre viril … », explique Lebkiri. Mais la version la plus inattendue en ce qui concerne l'origine de la merguez – et la plus hilarante à ses yeux – est la thèse alsacienne : les co-

amüsantesten: Während einer Reise in den Süden soll Rabelais irgendwo ein *coscoton à la moresque* gegessen haben. Der provençalische Koch – oder war der Koch gar Araber? –, den er sicherlich befragt hat über das Gericht, das man ihm servierte, hat wohl ganz einfach erklärt, es sei ein «couscous mouton», ein Couscous mit Hammel. War Rabelais ein wenig schwerhörig? Oder schon etwas betrunken? Wetten, dass der Koch sehr schnell sprach und dass auf diesem Weg aus einem *couscous mouton* ein *coscoton* wurde!

Dank Rabelais ist Couscous also literaturfähig geworden. Aber leider gibt es bei ihm keine Spur von Merguez, und das ist schade!

Genau wie der Couscous hat dieses rote, stark gewürzte Würstchen unmittelbar nach dem Algerienkrieg den Siegeszug in Frankreichs Küche angetreten. Und genau wie beim Couscous streiten sich sämtliche Regionen Nordafrikas um die Urheberschaft. Auf sehr drollige Weise hat der algerische Komiker Moussa Lebkiri die Sache beschrieben: Tunesier, Algerier, Marokkaner, alle haben sie unwiderlegbare Argumente dafür, dass sie die wahren Erfinder der Merguez-Würstchen seien. Die einleuchtendste Theorie sei jedoch die der Algerier: «Das Wort Merguez ist abgeleitet vom Berber-Wort *amrguaz*, wobei *am* ‹wie› bedeutet und *rguaz* ‹Mann›. Also, und das wird jeder verstanden haben, ist das Wort *merguez* nichts anderes als die Bezeichnung für das männliche Glied …», erklärt Lebkiri. Allerdings ist die verblüffendste These über den Ursprung der Merguez – und auch die spaßigste in den Augen unseres Humoristen – die elsässische: Die elsässischen Siedler in Nord-

lons alsaciens prétendent dur comme fer qu'ils ont inventé la merguez parce qu'ils avaient le mal du pays ! Se passer de choucroute n'est pas évident, mais se passer de saucisses est carrément insupportable. Et comme il est impossible de trouver de la viande de porc en Afrique, on fait avec ce qu'on a ! Nous pourrions inventer la suite de l'histoire. La plupart des Maghrébins (sauf les Marocains) affirment que les merguez n'ont pas leur place dans un vrai couscous. Ce sont donc les pieds-noirs alsaciens qui, faute de mieux, ont remplacé la choucroute par le couscous et les saucisses de Strasbourg par les merguez. Au lecteur de juger si l'histoire tient debout !

afrika schwören Stein und Bein, sie hätten die Merguez erfunden, und zwar weil sie Heimweh hatten! Auf Sauerkraut verzichten zu müssen ist schon schwierig genug, aber auf Würstchen! Das ist schlichtweg unerträglich. Und da man sich in Afrika kein Schweinefleisch besorgen kann, richtet man sich eben ein mit dem, was man zur Verfügung hat! Die Fortsetzung der Geschichte könnten wir dazu erfinden: Die meisten Maghrebiner (bis auf die Marokkaner) behaupten, Merguez gehörten auf keinen Fall auf ein echtes Couscous. Also sind es die elsässischen «Pieds-noirs», die, weil sie nichts Besseres hatten, ihr Sauerkraut durch Couscous ersetzten und die Straßburger Würstchen durch Merguez. Der Leser möge entscheiden, ob die Geschichte Hand und Fuß hat!

La ratatouille niçoise

Quoi de plus simple et de plus délicieux qu'une bonne ratatouille? Et de plus digeste aussi : un peu – ou beaucoup – d'huile d'olive, des oignons, des aubergines, des poivrons, des courgettes, des tomates, et de l'ail bien évidemment. Comme pour la plupart des plats classiques, il y a toujours au moins deux méthodes de préparation – et des adeptes fanatiques de l'une ou de l'autre. Pour la ratatouille nous avons ceux qui prônent la cuisson de tous les légumes en même temps et ceux qui disent qu'il faut à tout prix lancer la cuisson légume par légume. Les grands défenseurs de la tradition provençale préconisent de faire revenir ou même frire les légumes un par un dans la marmite et de passer le poivron au four pour pouvoir l'éplucher et lui donner un goût de grillé. Quel que soit le mode de préparation choisi, ce plat d'été est l'un des fleurons de la cuisine méditerranéenne, bien connue pour être saine, riche en vitamines, propice à la longévité, et, comme on dit dans le Sud, « goûteuse » par-dessus le marché. Sans même consulter un dictionnaire étymologique, on devine que le mot « ratatouille » est de la même famille que le verbe « touiller »... ce qui est bien logique, puisqu'il ne faut pas oublier de remuer de temps en temps le contenu d'une marmite qui reste sur le feu longtemps.

Mais jetons tout de même un coup d'œil dans les

Ratatouille aus Nizza

Gibt es etwas Einfacheres, Köstlicheres als eine gute Ratatouille? Etwas Verträglicheres auch. Ein wenig (oder auch viel) Olivenöl, Zwiebeln, Auberginen, Paprika, Zucchini, Tomaten, nicht zu vergessen Knoblauch. Wie für die meisten Klassiker der Küche gibt es immer mindestens zwei Arten der Zubereitung und die entsprechenden fanatischen Verteidiger der einen oder der anderen. Bei der Ratatouille gibt es diejenigen, die meinen, es müssten alle Gemüsesorten zusammen in den Topf gegeben werden, und diejenigen, die behaupten, man müsse jede Gemüsesorte getrennt anbraten und die Paprikaschoten zuerst in den Backofen schieben, um die Haut entfernen zu können und ihnen einen leichten Grillgeschmack zu verpassen. Egal welche Zubereitung ausgewählt wird, dieses Sommergericht ist eines der Aushängeschilder der mediterranen Küche, die bekannt dafür ist, dass sie gesund, reich an Vitaminen, förderlich für ein langes Leben und darüber hinaus auch noch köstlich ist. Auch ohne ein etymologisches Wörterbuch zu konsultieren, ahnt man, dass das Wort «Ratatouille» etwas mit dem Verb «touiller» – drehen, rühren – zu tun hat … was ja ganz logisch ist: Man sollte tunlichst nicht vergessen, den Inhalt eines Topfes, der lange auf dem Feuer bleibt, hin und wieder umzurühren.

Aber werfen wir dennoch ein Blick auf die Wörter-

dictionnaires. Même les plus récents vous diront qu'une ratatouille est un « ragoût grossier », un mélange de restes en tous genres ; au fond ce mot est donc synonyme de « mauvaise cuisine », de cette cuisine que l'on vous sert dans d'infâmes gargotes – citation d'Alfred de Vigny, l'illustre poète romantique, à l'appui. Dans son ouvrage ‹ Grandeur et servitude militaires › publié en 1835, il décrit en effet comment il en vint à rejoindre le régiment Royal-Auvergne. Dans un petit restaurant bien sympathique, des racoleurs lui « firent manger du poulet, du chevreuil et des perdreaux, boire du vin de Bordeaux et de Champagne, et du café excellent » en lui disant que c'est là ce qu'il mangera et boira tous les jours à l'armée. Il se fait donc enrôler au Royal-Auvergne, mais dès le premier soir, il déchante : « Je demandai du poulet à dîner, et l'on me donna à manger cet agréable mélange de pommes de terre, de mouton et de pain, qui se nommait, se nomme et sans doute se nommera toujours : la ratatouille. » Le lecteur aura noté que toute l'ironie romantique est concentrée dans le mot « agréable » !

Mais qu'en est-il vraiment de la ratatouille, de celle que mangent tous les Provençaux, celle qu'adorent tous ceux qui aiment les légumes ? Allons voir un peu chez Frédéric Mistral – grand poète provençal s'il en est, Prix Nobel de littérature en 1904. Surprise ! Dans son magistral dictionnaire de la langue provençale, ‹ Le Trésor du félibrige › publié en 1879, Mistral traduit le mot ratatouille

bücher. Auch in den neuesten Ausgaben wird erklärt, dass eine Ratatouille ein plumper Eintopf sei, eine Mischung aus allerlei Resten; im Grunde steht das Wort also für «schlechte Küche», jene Küche, die man in miesen Kneipen serviert bekommt. Dazu ein Zitat des berühmten romantischen Dichters Alfred de Vigny: In seinem 1835 veröffentlichten Werk ‹Knechtschaft und Größe des Militärs› beschreibt er, wie es dazu kam, dass er im Regiment Royal-Auvergne anheuerte. In einem gemütlichen kleinen Restaurant laden ihn ein paar Werber zum Essen ein, und er bekommt «Hühnchen, Reh und Rebhühner zu speisen, dazu Weine aus Bordeaux und der Champagne zu trinken». Sie behaupten, dass er dies beim Militär jeden Tag bekommen werde. Am ersten Abend, kaum ist er im famosen Regiment Royal-Auvergne angekommen, bestellt er «Hühnchen zum Dîner, und man servierte mir jene angenehme Mischung aus Kartoffeln, Hammelfleisch und Brot, die man Ratatouille nannte und immer noch nennt … und wohl auch immer so nennen wird». Die gesamte romantische Ironie ist in dem einen Wort konzentriert: «angenehm»!

Aber was hat es denn nun wirklich auf sich mit der Ratatouille, jener Ratatouille, die alle Provenzalen essen, die zu den Leibspeisen all derer gehört, die Gemüse lieben? Schauen wir einmal kurz in einem einschlägigen Wörterbuch nach, bei Frédéric Mistral, dem großen provenzalischen Dichter, Literaturnobelpreisträger des Jahres 1904. Wir sind überrascht! In seinem meisterhaften Wörterbuch der provenzalischen Sprache, dem 1879 veröffent-

par « galimafrée » (nourriture peu appétissante) ou même « salmigondis » (ragoût immonde fait de restes de viande).

Que dire de plus ? Tenter d'expliquer d'où provient ce dérapage linguistique ? Rappelons simplement que le français est une « langue vivante » et que le propre d'une langue vivante est de vivre, donc d'évoluer. Et il n'est sans doute pas nécessaire de chercher à rétablir ou à sauver la réputation de la ratatouille : dans l'imaginaire de tous ceux qui aiment les légumes, la ratatouille est synonyme de soleil et donc de bonheur !

lichten ‹Trésor du félibrige›, übersetzt er das Wort *ratatouille* mit *galimafrée* (unappetitliche Speise) oder gar *salmigondis* (mieser Eintopf aus allerlei Fleischresten).

Was soll man dazu sagen? Versuchen zu erklären, wie es zu diesem sprachlichen Ausrutscher gekommen ist? Erinnern wir einfach daran, dass das Französische eine «lebende Sprache» ist und dass die wesentliche Eigenschaft einer lebenden Sprache darin besteht, dass sie lebt, sich also entwickelt. Es ist gewiss nicht nötig, den Ruf der Ratatouille retten zu wollen: In der Phantasie aller Gemüseliebhaber steht die Ratatouille für Sonne und demzufolge für Glück.

Les diamants noirs

Penser qu'on ne sait pas le nom du premier cochon qui a trouvé une truffe !
Journal, tome 1, 15 décembre 1857
Edmond et Jules de Goncourt

« La France est le plus gros producteur de diamants noirs ! »

« Je croyais que c'était l'Italie. »

« Mais non ! Ce n'est ni la France, ni l'Italie ! Le plus gros producteur de diamants noirs, c'est la Provence ! »

En entendant parler ainsi les habitués du Café de France, le touriste allemand, depuis la table d'à côté, ne peut s'empêcher de se mêler à la conversation :

« Pas étonnant qu'il y ait tant de cambriolages chez les bijoutiers de la Côte d'Azur ! »

Gros éclat de rire du côté des habitués. Ah ! Ces « estrangers » ! Ils n'y connaissent décidément rien à la gastronomie française !

« La truffe est le diamant de la cuisine. » C'est ainsi que Brillat-Savarin, le philosophe des plaisirs de la table, définit ce joyau dans sa ‹ Physiologie du goût ›, publiée sans nom d'auteur dès 1825 ; quelques années plus tard, Alexandre Dumas parlera du « Saint des saints de la table ». Et aujourd'hui encore, personne ne craint d'employer de tels superlatifs lorsqu'il est question de truffes. « Mettez un carat dans votre assiette ! » conseillait, il y a quelques années, une pu-

Schwarze Diamanten

Wenn man bedenkt, dass man den Namen des ersten Schweins nicht kennt, das eine Trüffel gefunden hat!
Tagebuch, Bd. 1, 15. Dezember 1857
Edmond und Jules de Goncourt

« Frankreich ist der größte Produzent von schwarzen Diamanten ! »

« Ich dachte immer, das sei Italien. »

« Ach was ! Weder Frankreich noch Italien ! Der größte Produzent von schwarzen Diamanten ist die Provence ! »

Als er diese Unterhaltung am Stammtisch des Café de France hört, kann sich der am Nebentisch sitzende deutsche Tourist nicht zurückhalten :

« Kein Wunder, dass bei den Juwelieren der Côte d'Azur so viel eingebrochen wird ! »

Lautes Gelächter bei den Stammgästen. Ach, diese Hergelaufenen ! Die haben wirklich keine Ahnung von der französischen Gastronomie.

« Die Trüffel ist der Diamant der Küche. » So nennt Brillat-Savarin, Philosoph der Tafelfreuden, dieses Kleinod in seiner 1825 anonym veröffentlichten ‹Physiologie des Geschmacks›; einige Jahre später spricht Alexandre Dumas vom« Allerheiligsten der Tafel ». Und vor derlei Superlativen hat man bis heute, wenn es um die Trüffel geht, keine Scheu. « Legen Sie einen Karat auf Ihren Teller ! », empfahl vor einigen Jahren eine Werbung des provenzalischen Verbandes der Trüffelproduzenten. Für

blicité du ‹Syndicat des producteurs de truffes› en Provence. Il est vrai que pour les connaisseurs, cette publicité était plus prosaïque qu'il n'y paraît : car pour les spécialistes, un carat correspond très précisément à 12,5 grammes. Et la publicité de poursuivre : « Deux carats pour un tête-à-tête ». Il est probable que Brillat-Savarin aurait jugé mesquins les gourmets d'aujourd'hui, car il n'y a pas si longtemps, une truffe de 12,5 grammes aurait été considérée comme impropre à la vente et tout juste bonne à la consommation personnelle – pour une omelette truffée ou une vinaigrette à la truffe dans une petite salade. Insuffisante en tout cas pour produire l'effet aphrodisiaque dont parlaient les auteurs du XIXe siècle. Car la truffe rend « les femmes plus tendres et les hommes plus aimables », prétendait le fameux Brillat-Savarin. Mais pour obtenir l'effet escompté, il ne suffit pas d'une seule truffe, les vrais gourmets le savent d'expérience !

En ce qui concerne l'histoire, il nous faut d'emblée constater un irrésistible déclin de la production de truffes. On pourrait parler d'une retenue croissante des Français en matière de consommation, mais on pourrait alors penser que les truffes sont passées de mode, un point c'est tout. Non, les choses ne sont pas si simples, et les discussions auxquelles se livrent les spécialistes à ce propos sont épiques. Mais les chiffres parlent d'eux-mêmes : depuis 1914, les terres à truffes ont rétréci de 70 %. Et à la fin du XXe siècle les récoltes ne correspondent plus qu'à 3 % du volume de 1914. Il va de soi que ce phénomène a eu des répercussions sur les prix.

Kenner war besagte Werbung allerdings prosaischer, als sie klang: Denn für Fachleute entspricht ein Karat ganz präzise 12,5 Gramm. «Zwei Karat für ein Tête-à-tête», fuhr die werbende Innung fort. Vermutlich hätte Brillat-Savarin die heutigen Gourmets als eher kleinkarätig empfunden, denn eine 12,5 Gramm leichte Trüffel wurde noch vor gar nicht allzu langer Zeit als verkaufsunwürdig aussortiert und zum Eigenverzehr in Form eines Trüffelomelettes oder einer Trüffelvinaigrette für den Salat bestimmt. Jedenfalls wurde sie für ungenügend befunden, um als Aphrodisiakum zu wirken – ein Aspekt, den die Autoren des 19. Jahrhunderts immer wieder betonten. Denn die Trüffel macht «die Frauen noch zärtlicher und die Männer noch liebenswerter», behauptete der schon zitierte Brillat-Savarin. Allerdings reicht eine Einzige nicht aus, um die angekündigte Wirkung zu erzielen, das weiß der wahre Feinschmecker aus Erfahrung.

Historisch gesehen, müssen wir zunächst einmal einen unaufhaltsamen Niedergang der Trüffelwirtschaft feststellen. Man könnte auch von wachsender Zurückhaltung der Franzosen beim Trüffelkonsum sprechen, aber dann könnte man meinen, die Trüffeln seien aus der Mode gekommen, basta. Nein, so einfach ist die Erklärung nicht, über die Ursachen des Niedergangs wird heftig gestritten. Nur die Zahlen sind unerbittlich: Seit 1914 sind die Trüffelgebiete in der Provence um 70 Prozent geschrumpft und Ende des 20. Jahrhunderts machte die Ernte nur noch 3 Prozent des Ertrags von 1914 aus. Das hatte natürlich Auswirkungen auf die Preise.

Avant de chercher des causes écologiques, économiques, voire psychologiques, il faut prendre en considération le fait que la truffe n'est pas un « produit » agricole parmi d'autres. On ne peut pas cultiver la truffe comme on cultive les champignons. Autrement dit : « L'homme a mesuré les cieux, il a surpris la marche des comètes ; il a trouvé l'attraction et inventé la machine à vapeur et le gouvernement représentatif, et il n'a pas pu jusqu'ici faire venir une truffe ! » Cette constatation de Brunet en 1836 (‹Dictionnaire de cuisine et d'économie ménagère›) est malheureusement toujours de mise. Malgré cela, on a pourtant tout essayé en France pour réagir au déclin de l'économie truffière. Dans la seconde moitié du XXe siècle, et notamment au cours des « trente glorieuses », toutes sortes d'associations et d'institutions locales et régionales ont vu le jour, comme par exemple le fameux « Syndicat des producteurs de truffes » déjà cité, ou encore la « Confrérie de l'Ordre du Diamant noir ».

Cette « Confrérie des Chevaliers, dignitaires et vénérables du Diamant noir », dont le but est aujourd'hui encore de regrouper producteurs, amateurs de truffes et représentants de la gastronomie, fut fondée en 1982 à Saint-Restitut, dans le Nord de la Provence. Il s'agissait de défendre et de promouvoir la *tuber melanosporum*, qui, en France et à l'étranger, est connue sous le nom de »truffe du Périgord ». Les paysans de Bourgogne se sont d'ailleurs battus pour que la *tuber uncinatum* – au goût beaucoup moins

Bevor man nach ökologischen, wirtschaftlichen oder psychologischen Gründen sucht, sollte man eine Tatsache im Auge behalten: Die Trüffel ist kein landwirtschaftliches «Produkt» unter vielen anderen. Es gibt keine Trüffelzucht, wie es beispielsweise eine Champignonzucht gibt. Oder anders gesagt: «Der Mensch hat den Himmel erforscht, den Lauf der Kometen aufgespürt, er hat die Zugkraft ermittelt, die Dampfmaschine und die parlamentarische Regierungsform erfunden ... und er hat es bis heute nicht geschafft, eine Trüffel zum Wachsen zu bringen»: Brunets Aussage von 1836 (‹Dictionnaire de cuisine et d'économie ménagère›) gilt leider bis heute. Trotzdem hat man in Frankreich natürlich versucht, die Trüffelbranche vor dem Verfall zu retten. In der zweiten Hälfte des 20. Jahrhunderts, insbesondere in den *trente glorieuses*, den französischen Wirtschaftswunderjahren, wurden allerlei lokale und regionale Vereine und Institutionen gegründet, vom «Syndicat des producteurs de truffes» (Verband der Trüffelproduzenten) bis hin zur «Bruderschaft des Ordens vom Schwarzen Diamanten».

Gegründet wurde diese «Bruderschaft der Ritter, Edlen und Großmeister des Schwarzen Diamanten» 1982 in Saint-Restitut in der nördlichen Provence, und sein Ziel ist es auch heute noch, Trüffelliebhaber, Trüffelhändler und Vertreter der Gastronomie zu vereinen. Es ging vor allem darum, die *tuber melanosporum*, die in Frankreich und anderswo unter dem Namen «Périgord-Trüffel» bekannt ist, zu verteidigen und zu fördern. Übrigens haben die Bauern des Burgund für die Anerkennung

prononcé que la *tuber melanosporum* – soit reconnue sous le nom de truffe de Bourgogne, bien qu'elle existe dans d'autres régions, notamment dans les forêts alsaciennes.

Face à la chute catastrophique de la production, les institutions comme l'Ordre du Diamant noir eurent fort à faire. Les prix de la truffe avaient grimpé de manière vertigineuse (il fallait investir jusqu'à cinq mille euros pour un kilo en 2013), et des escrocs habiles en affaires se montraient de plus en plus inventifs pour produire des succédanés bon marché : la carotte ou la couenne de lard teintes en noir en sont les exemples les plus appétissants, et mieux vaut ne pas évoquer les autres produits de substitution ! De telles pratiques eurent pour conséquences de faire baisser l'exigence de qualité, et, dès lors, le prestige de la truffe elle-même, si bien qu'au début des années soixante-dix du siècle dernier, l'État français jugea lui aussi utile de réguler et de contrôler le commerce des truffes par des mesures de plus en plus détaillées.

On a pu craindre que le culte du diamant noir prenne des formes un peu exagérées, voire dangereuses, qui pourraient nuire au commerce et même à la réputation de la truffe française ; malgré tout, des projets à vocation scientifique comme celui de ‹ l'Université française de la truffe › n'ont pas pu s'imposer ni s'assurer le soutien des pouvoirs publics. Cette bizarre *alma mater* a été fondée en 1990 sous forme d'association à but non lucratif, selon le modèle d'institutions similaires en Italie. Son objectif était de devenir un lieu de rencontre pour tous ceux qui s'intéressent au

der deutlich geschmacksärmeren *tuber uncinatum* als «Burgund-Trüffel» gekämpft – die es aber auch in anderen Gegenden gibt, etwa in den elsässischen Wäldern.

In Anbetracht des katastrophalen Trüffelschwunds gab es für Organisationen wie den Orden vom Schwarzen Diamanten ein weites Betätigungsfeld. Die Trüffelpreise stiegen ins Astronomische (bis zu fünftausend Euro musste man 2013 für ein Kilo investieren!), und geschäftstüchtige Betrüger wurden immer erfinderischer, um billigen Ersatz zu produzieren: Schwarzgefärbte Karotte oder Schweineschwarte sind die appetitlicheren Beispiele, über andere sollte man besser schweigen. Solche Praktiken hatten zur Folge, dass insgesamt die Qualitätsansprüche und gleichzeitig das Ansehen der Trüffel zeitweilig sanken, bis dann zu Beginn der Siebzigerjahre des vergangenen Jahrhunderts der französische Staat es für ratsam hielt, den Trüffelhandel durch immer ausführlichere Verordnungen zu regeln und zu kontrollieren.

Zuweilen wurde auch befürchtet, dass der Trüffelkult übertriebene oder gar gefährliche Formen annehmen könnte, die dem Handel abträglich sein und dem Ruf der französischen Trüffeln Schaden zufügen würden; dennoch konnten sich Unternehmungen mit wissenschaftlichem Anspruch wie die «Université française de la truffe» weder durchsetzen noch vermochten sie sich die Unterstützung der öffentlichen Hand zu sichern. Diese kuriose Alma Mater wurde 1990 als eingetragener Verein ins Leben gerufen, Vorbild waren ähnliche Institutionen in Italien. Sie war als Begeg-

diamant noir, soit pour des raisons professionnelles, soit en amateurs éclairés : producteurs, marchands de truffes, restaurateurs et gourmets étaient censés pouvoir apprendre tous les secrets de la truffe en suivant des formations pratiques et théoriques. Mais en même temps cette institution était destinée à devenir un centre de recherche où les scientifiques auraient pu travailler et exploiter les résultats de leurs investigations. Malheureusement la première chaire de « truffologie » n'a jamais vu le jour. Les candidats potentiels n'auraient sans doute pas fait défaut. Et les domaines de recherche non plus ! « Les truffes dans l'histoire de la littérature du XVIIe siècle », voilà qui aurait constitué un sujet idéal pour un séminaire de master. Comme le montre l'anecdote qui va suivre.

En 1664, le jour du Nouvel An, Molière était l'hôte de Madame de Sévigné à Grignan. Un haut dignitaire de l'Église italienne qui avait un penchant certain pour les plaisirs de bouche faisait lui aussi partie des invités. Lorsque dans la salle à manger de son château Madame de Sévigné fit servir une omelette truffée qui dégageait un parfum divin, ce prélat fit une profonde inspiration et s'exclama, ravi : « *Tartufoli!* » Molière ne prit pas seulement plaisir à ce plat extraordinaire, mais aussi à ce joli mot italien si riche en voyelles ; discrètement, il le nota sur la carte du menu. Depuis des années déjà, il travaillait à sa pièce provisoirement intitulée ‹ L'hypocrite › et n'avait toujours pas trouvé le nom idéal pour son personnage principal. Il venait de le trouver ! La création de son ‹ Tartuffe › eut lieu le 12 mai de la même année.

nungsstätte für all diejenigen gedacht, die sich aus beruflichen Gründen oder auch aus Liebhaberei für den schwarzen Diamanten interessieren: Trüffelzüchter, Trüffelhändler, Gastronomen und Gourmets sollten hier alles zum Thema Trüffel lernen und sich praktisch und theoretisch fortbilden können. Zugleich aber sollte sie auch eine Forschungsstätte werden, wo Wissenschaftler arbeiten und ihre Ergebnisse hätten auswerten können. Aber der erste Lehrstuhl im Fach «Trüffologie» wurde leider nie ins Leben gerufen. An potenziellen Bewerbern hätte es wahrscheinlich nicht gefehlt. Und an Forschungsaufgaben auch nicht. «Die Trüffeln in der Literaturgeschichte des 17. Jahrhunderts» wäre ein hochinteressantes Thema für ein Master-Seminar gewesen. Dazu nur folgende Anekdote:

An Neujahr 1664 war Molière bei Madame de Sévigné in Grignan, im Norden der Provence, zu Gast. Geladen war auch ein hoher italienischer Prälat, der den leiblichen Genüssen nicht abgeneigt war. Als Madame de Sévigné im Speisesaal ihres Schlosses ein herrlich duftendes Trüffelomelett servieren ließ, atmete er tief ein und rief begeistert: «Tartufoli!» Molière fand nicht nur Gefallen an dem atemberaubenden Gericht, sondern auch an dem schönen, vokalreichen Wort und notierte es heimlich auf der Menükarte. Seit vielen Jahren arbeitete er bereits an seinem Stück ‹Der Heuchler›, und noch immer hatte er für die Hauptfigur nicht den richtigen Namen gefunden. Nun hatte er ihn. Am 12. Mai desselben Jahres konnte endlich sein ‹Tartuffe› uraufgeführt werden!

Quelques mots encore sur l'aspect artisanal de la récolte des truffes – que l'on ne « cherche » pas comme on cherche des champignons, mais que l'on « creuse », *cava* en provençal. L'être humain dispose de quatre outils pour s'approprier le diamant tant convoité. Le premier est minuscule; le second est une arme meurtrière; le troisième est extrêmement malcommode à manier; le quatrième est celui que l'on utilise le plus couramment de nos jours en Provence.

Le premier, c'est la mouche. Il existe en effet une variété de mouches qui déposent leurs œufs à l'endroit précis où se cache une truffe. Il s'agit donc de surveiller les mouvements de cette mouche, ce qui n'est possible que par beau temps, lorsque la lumière est propice. L'insecte décrit de petits cercles au-dessus du point où se cache la truffe, entre cinq et vingt-cinq centimètres sous terre. Cette méthode exige une bonne vue et beaucoup de patience – et les chances de succès sont modestes.

Le second outil, c'est la pioche. Cette méthode est brutale, irrespectueuse de la nature, pour ne pas dire criminelle. Car celui qui s'attaque au sol avec un tel outil détruit pour des années, voire pour toujours le délicat réseau de fines racines nécessaire à la naissance des truffes. De plus, cette technique violente ne permet pas de faire au préalable la distinction entre les truffes mûres et celles qui ne le sont pas.

Le troisième outil, c'est le cochon truffier. C'est la méthode la plus spectaculaire, utilisée depuis longtemps à des fins purement folkloriques. Cet

Ein paar Worte noch zum handwerklichen Aspekt der Trüffelernte – Trüffeln «sucht» man nicht, wie man Pilze sucht, man gräbt sie aus, *cava* im Provenzalischen. Vier «Werkzeuge» hat der Mensch zur Verfügung, um in den Besitz des begehrten Diamanten zu gelangen. Das eine ist winzig klein, das zweite ein Mordinstrument, das dritte sehr umständlich in der Handhabung, das vierte ist das heutzutage in der Provence gebräuchlichste Suchinstrument.

Das erste ist die Fliege. Es gibt in der Tat eine Fliegenart, die ihre Eier haarscharf an die Stelle legt, unter der sich eine Trüffel befindet. Es geht also darum, die Bewegungen dieser Fliege zu beobachten, was nur bei schönem Wetter und guten Lichtverhältnissen möglich ist. Das Insekt zieht im Flug unermüdlich kleine Kreise, genau über dem Punkt, wo sich in einer Tiefe von fünf bis fünfundzwanzig Zentimetern die Trüffel verbirgt. Die Methode erfordert gute Augen und viel Geduld – bei recht bescheidener Erfolgsrate.

Das zweite Werkzeug ist der Pickel. Die Methode ist brutal, kurzsichtig, ja kriminell. Denn wer mit dem Pickel den Boden durchwühlt, zerstört für Jahre, oft sogar endgültig, das feine Netz von Wurzelverzweigungen, das für das Entstehen von Trüffeln notwendig ist. Abgesehen davon hindert einen dieses rabiate Mittel daran, zwischen reifen und unreifen Trüffeln zu unterscheiden.

Das dritte Werkzeug ist das Trüffelschwein. Dabei handelt es sich um die spektakulärste, aber umständlichste, längst nur noch zu folkloristischen Zwecken einge-

animal à l'odorat très fin est un amateur passionné de truffes ! Nul besoin de le dresser pour creuser des truffes : avec son groin il fouille précautionneusement le sol jusqu'à ce qu'il découvre le merveilleux tubercule – et l'on comprendra qu'il est difficile de l'empêcher de l'avaler aussi sec. Entre temps on connaît les causes de ce don très particulier des cochons : c'est la très forte concentration en androsténone, une hormone au parfum très particulier que contient également le sperme du verrat ! Le cochon truffier est donc une truie truffière, et ce n'est pas un gourmet mais un goinfre voluptueux.

La voracité de l'animal est difficile à contrôler, et c'est pourquoi, de nos jours, on préfère utiliser la quatrième méthode, celle qui consiste à faire « travailler » un chien. Autre avantage de cette méthode : il est beaucoup plus facile de faire monter un chien dans une voiture qu'un cochon ! Les chiens – généralement des bâtards – sont dressés à renifler la truffe dès leur plus jeune âge, et ce en toute saison. Mais ils ont droit très rarement à une truffe. L'hiver, lorsqu'ils partent à la recherche de truffes, ils sont récompensés chaque fois qu'ils découvrent un endroit où se cache un diamant noir et qu'ils commencent à creuser. Mais il leur faut être modestes : le maître exige du chien qu'il se détourne de l'endroit et attende patiemment jusqu'à ce que l'objet du désir fasse surface. Le chien se contentera alors d'un morceau de fromage ou de couenne de lard, éven-

setzte Methode. Das Tier mit seinem hoch entwickelten Geruchssinn ist ein leidenschaftlicher Trüffelliebhaber. Es braucht zum Trüffelgraben nicht dressiert zu werden: Mit seiner Schnauze wühlt es vorsichtig im Boden, bis es den wunderbaren Pilz entdeckt – und es ist verständlicherweise nur schwer davon abzuhalten, ihn auf der Stelle aufzufressen. Mittlerweile kennt man auch den Grund für diese besondere Begabung der Schweine: Es ist die hohe Konzentration an Androstenon, einem Hormon, das einen ganz besonderen Duftstoff enthält und auch im Sperma des Ebers vorhanden ist! Das Trüffelschwein ist also eine Trüffelsau und kein Feinschmecker, sondern ein gefräßiger Lustmolch.

Die Gier des Tieres ist schwer kontrollierbar, und deshalb greift man heutzutage eher auf die vierte Methode zurück: ein Hund wird «zur Arbeit» geschickt. Ein weiterer Vorteil dieser Methode liegt darin, dass ein Hund sich leichter in ein Auto verfrachten lässt als ein Schwein! Hunde, meist undefinierbarer Rasse, werden zum Trüffelspüren dressiert, indem man ihnen von klein auf, und zwar zu jeder Jahreszeit, Trüffeln zu riechen gibt. Aber nur ganz selten dürfen sie auch eine Trüffel fressen. Im Einsatz im Winter werden sie stets belohnt, wenn sie erfolgreich eine Stelle ausgemacht und angegraben haben, wo sich ein schwarzer Diamant verbirgt. Aber sie müssen sich bescheiden: Zunächst befiehlt der Mensch seinem Hund, sich abzuwenden und geduldig zu warten, bis das Objekt der Begierde ausgegraben ist. Dann muss sich der Hund mit einem Stück Käse oder Speckrinde, oder auch mit einer schlechten, verwurm-

tuellement d'une truffe véreuse. Les bons chiens truffiers sont très prisés et valent une fortune.

Les véritables secrets des caveurs de truffes ne seront pas révélés ici. Mais l'amateur de truffe a peut-être intérêt à se rendre à Richerenches, le troisième dimanche de janvier, pour assister à la messe célébrée en l'honneur de Saint-Antoine, le patron des trufficulteurs. Au moment de la collecte, les offrandes déposées dans la corbeille sont surtout … des truffes ! Le visiteur curieux venu de loin ne croit peut-être pas aux miracles, mais il pourra éventuellement acquérir quelques diamants noirs à la vente aux enchères qui a lieu sur la place de la mairie après la messe !

ten Trüffel zufrieden geben. Gute Trüffelhunde sind sehr begehrt und ein kleines Vermögen wert.

Nun, die wirklichen Geheimnisse des Trüffelgrabens sollen hier nicht verraten werden. Aber vielleicht wäre es für den Trüffelliebhaber ja schon hilfreich, wenn er am dritten Sonntag im Januar nach Richerenches führe, um dort einer Messe zu Ehren des heiligen Antonius, des Schutzpatrons der Trüffelbauern beizuwohnen. Bei der Kollekte landen vor allem Trüffeln im Körbchen. An Wunder wird der neugierige Besucher aus fernen Gegenden möglicherweise nicht glauben, dafür kann er die Diamanten im Anschluss an die Messe auf dem Rathausplatz ersteigern !

Les grisettes de Montpellier

« Au fait, tu connais les grisettes de Montpellier ? »

Le jeune homme originaire de Lille se demande pourquoi son copain lui pose cette question saugrenue. Mais c'est la veille des vacances : peut-être va-t-il lui proposer de faire un tour dans le Sud, de s'arrêter chez ses parents qui habitent tout près de Montpellier. Après tout, ce serait bien agréable de profiter du soleil méditerranéen. Et les grisettes ? Hm … pourquoi pas ? Ça changerait un peu des jolies blondes du Nord. Les filles du Midi sont brunes. Elles sont bronzées … Peut-être sont-elles plus faciles à draguer que celles d'ici ! Voilà les idées qui défilent à toute vitesse dans la tête du garçon. Mais soudain il est pris d'un doute, il se demande pourquoi son copain vient d'utiliser ce mot désuet, si inhabituel par les temps qui courent. Les grisettes, les filles faciles, aux mœurs légères, d'accord… mais d'habitude, entre copains, on parle plutôt de nanas ou de minettes. Grisette, c'est un mot qu'utilisent les vieux, et encore …

Il se souvient maintenant que dans la bibliothèque du grand-père il y avait un livre ancien auquel il n'avait pas le droit de toucher quand il était petit garçon : ‹ Étudiants et Grisettes romantiques › était le titre. En cherchant bien il se souvient même du nom

Grisettes aus Montpellier

«Kennst du eigentlich die ‹Grisettes› von Montpellier?»

Der junge Mann aus Lille fragt sich, warum sein Freund ihm diese abstruse Frage stellt. Aber bald sind Ferien: Vielleicht will er ihm vorschlagen, eine kleine Reise in den Süden zu unternehmen und bei seinen Eltern Station zu machen, die ganz in der Nähe von Montpellier wohnen. Es wäre ja recht angenehm, ein wenig südliche Sonne zu genießen. Und vielleicht auch noch ein paar «Grisettes» zu Gesicht zu bekommen? Hm … Warum nicht. Das wäre mal eine Abwechslung zu den hübschen Blonden hier aus dem Norden. Im Süden sind die Mädchen dunkelhaarig. Sie sind braungebrannt … Vielleicht sind sie sogar leichter zu erobern als die Mädchen von hier! Das sind die Gedanken, die dem jungen Mann in Windeseile durch den Kopf gehen. Aber plötzlich hat er Zweifel und fragt sich, warum sein Kumpel soeben dieses altmodische Wort gebraucht hat, ein Wort, das in der heutigen Zeit so ungewöhnlich klingt. Die «Grisettes», leichtlebige Frauen, manchmal Flittchen, okay … aber unter Freunden redet man doch eher von Tussis oder von Schnepfen … «Grisette», das ist ein Wort, das nur die Alten verwenden, wenn überhaupt …

Jetzt erinnert er sich auch, dass es in der Bibliothek seines Großvaters ein altes Buch gab, das er als kleiner Junge nicht in die Hand nehmen durfte: ‹Romantische Studenten und Grisetten› lautete der Titel. Wenn er richtig nachdenkt, erinnert er sich sogar an den Namen des Autors. Paul

de l'auteur. Paul Jarry. Et il se dit qu'il faudra absolument qu'il vérifie si ce livre se trouve toujours sur les étagères de la bibliothèque familiale.

« Les grisettes de Montpellier? Mais pourquoi tu me demandes ça ? »

« Juste comme ça. Pour savoir si tu en veux une. Tiens, vas-y, sers-toi. »

Et voilà que son copain sort de sa poche une très jolie petite boîte métallique. Sur le couvercle figure un monument bizarre – eh oui, le château d'eau de la place Peyrou à Montpellier, lui explique le garçon, avant même qu'il ait le temps de poser une question.

Surprise ou déception pour notre jeune homme du Nord? Dans la boîte il y a des petites billes noires, pas plus grosses que des petits pois. Il hésite, en prend une, goûte. Mmmh ! C'est exquis ! Ça a le goût de miel et de réglisse et c'est sucré juste ce qu'il faut. Vite, il en reprend trois ou quatre.

Son copain lui explique alors qu'à l'origine, dès le Moyen-Âge sans doute, ce sont les pharmaciens qui les fabriquaient, puisqu'aussi bien le miel que la réglisse étaient de tous temps réputés pour leurs vertus thérapeutiques.

« Mais il faut que tu m'expliques pourquoi ces petites billes sont devenues des ‹grisettes› ! Quel rapport avec les jolies filles du Midi? Tu crois qu'elles sont plus faciles à draguer quand on leur en offre? »

L'ami montpelliérain s'esclaffe ! « Mais mon pauvre garçon, tu fantasmes ou quoi? Tu as bien vu qu'il y a comme une petite poussière claire sur ces bon-

Jarry. Und er denkt, dass er unbedingt nachschauen muss, ob dieses Buch sich noch immer in der Bibliothek seiner Eltern befindet.

« Die Grisettes von Montpellier? Warum fragst du mich danach? »

« Ach nur so. Wollte wissen, ob du eine möchtest. Hier, nimm ! »

Sein Freund hat soeben eine sehr hübsche kleine Blechdose aus der Tasche gezogen. Auf dem Deckel ist ein merkwürdiges Denkmal abgebildet – jaja, der Wasserturm auf der Place Peyrou in Montpellier, erklärt er, noch ehe er selbst danach fragen kann.

Ist der junge Mann aus Nordfrankreich erstaunt oder doch eher enttäuscht? In der Dose befinden sich kleine Kügelchen, kaum größer als Erbsen. Er zögert, nimmt eine, kostet. Mmmm ! Köstlich ! Es schmeckt nach Honig und Lakritze und es hat genau die richtige Süße. Schnell greift er sich noch drei, vier weitere.

Sein Freund erklärt ihm nun, dass solche Bonbons ursprünglich, vermutlich schon im Mittelalter, von den Apothekern hergestellt wurden, weil sowohl Honig als auch Lakritze seit jeher für ihre Heilkraft bekannt waren.

« Aber jetzt erklär mir mal, warum diese Kügelchen zu ‹ Grisettes › geworden sind ! Was hat das denn mit den hübschen Mädchen aus dem Süden zu tun? Sind die am Ende leichter aufzureißen, wenn man ihnen welche anbietet? »

Der Freund aus Montpellier lacht sich kaputt ! « Du armer Kerl, hast wohl tolle Phantasien, was? Du siehst doch, dass auf diesen Bonbons so was wie eine helle Staub-

bons, non? C'est du sucre. Et du coup ils ne sont pas tout à fait noirs, mais plutôt gris. Et comme ce sont des billes, et que le mot ‹bille› est féminin, ça a donné ‹grisette›. Et à ce propos, les robes de ces filles du peuple étaient grises, d'où leur nom ! D'ailleurs la légende dit que ces bonbons servaient autrefois de monnaie d'échange. Il paraît que les pèlerins qui se rendaient à Saint-Jacques de Compostelle en passant par Montpellier n'étaient pas malheureux d'avoir dans leurs poches non pas de la menue monnaie, mais de ces petits bonbons qui leur redonnaient force et vigueur quand ils commençaient à traîner des pieds ! »

« Oui, j'imagine. Mais quand même ... C'est vrai, ce que tu racontes, ou c'est une blague? »

Son ami avoue que personne à ce jour ne semble avoir pu confirmer cette légende. Peut-être tout simplement ne s'est-il pas encore trouvé d'historien assez gourmand pour avoir envie de consacrer des recherches sérieuses à la question.

« Franchement, dit alors notre jeune homme du Nord, si j'avais mon mot à dire, ce bonbon, je l'appellerais ‹Mimi Pinson› ! »

« Tu as de drôles d'idées, toi ! Pourquoi? »

« Mimi Pinson, comme l'héroïne de Musset* qui est sans doute la grisette la plus célèbre de l'histoire. Et la plus jolie par-dessus le marché ! »

* Alfred de Musset, ‹Mimi Pinson, Profil de grisette›, 1845

schicht liegt! Das ist Zucker. Also sind sie nicht ganz schwarz, sondern eher grau. Und weil das kleine Kugeln sind und die ‹Kugel› weiblich ist, ist daraus *grisette* geworden, von *gris*, ‹grau›. Grau waren übrigens die Kleider dieser einfachen Mädchen aus dem Volk, wenn dich das interessiert, daher der Name! Ansonsten besagt die Legende, dass diese Bonbons früher manchmal als Wechselgeld dienten. Angeblich waren die Pilger, die auf dem Jakobsweg nach Compostela wanderten, ganz froh darüber, anstatt Kleingeld diese Kügelchen in der Tasche zu haben, die ihnen wieder Kraft und Mut gaben, wenn sie zwischendurch schlappmachten.»

«Das kann ich mir vorstellen. Aber trotzdem … Stimmt das, was du da erzählst, oder soll das eher ein Witz sein?»

Der Freund gibt zu, dass bis zum heutigen Tag wohl niemand diese Legende bestätigt hat. Aber vielleicht hat es einfach noch keinen Historiker gegeben, der naschhaft genug war, um sich ernsthaft mit der Frage zu befassen.

«Also, hör mal», fährt unser Jüngling aus dem Norden fort, «wenn ich da was zu sagen hätte, ich würde dieses Bonbon ‹Mimi Pinson› nennen!»

«Du hast aber komische Ideen! Wieso denn das?»

«Mimi Pinson, wie die Heldin von Alfred de Musset. Vermutlich ist das die berühmteste ‹Grisette›, die es je gegeben hat. Und darüber hinaus auch noch die hübscheste!»

Le cassoulet

« Le cassoulet est le Dieu de la cuisine. Un Dieu en trois personnes : Dieu le Père qui est le cassoulet de Castelnaudary, Dieu le Fils qui est celui de Carcassonne, et le Saint-Esprit, celui de Toulouse. » Une constatation à la limite du blasphème, mais qui est écrite noir sur blanc dans ‹ Le festin occitan ›, un livre publié par Prosper Montagné en 1929. Bien qu'étant lui-même originaire de Carcassonne, l'auteur reconnaît donc très clairement la suprématie du cassoulet de Castelnaudary. Mais qui était Prosper Montagné, est-il vraiment digne de foi ? Un siècle après Antoine Carême (1784–1833), l'homme que l'on considère aujourd'hui encore comme « le roi des cuisiniers et le cuisinier des rois », « ce sont probablement Prosper Montagné et Auguste Escoffier qui ont eu la plus grande influence sur la gastronomie française et sur celle du monde entier. Montagné a été l'un des plus grands chefs de tous les temps et il s'est assuré une place dans l'histoire de la gastronomie en créant en 1938 le ‹ Larousse gastronomique ›. » Après un tel éloge, publié dans ‹ l'encyclopédie Britannica ›, impossible de mettre en doute ses dires, puisque certains sont prêts à le considérer lui-même comme Dieu le Père en matière de gastronomie !

Pourtant, tous ceux qui ne sont pas originaires du Sud-Ouest de la France et qui se sont mis à la cui-

Das Cassoulet

«Das Cassoulet ist der Gott der Küche. Ein Gott in drei Personen: Gottvater ist das Cassoulet von Castelnaudary, der Sohn ist dasjenige aus Carcassonne und der Heilige Geist das aus Toulouse.» Ein Urteil an der Grenze zur Blasphemie, aber so steht es schwarz auf weiß in Prosper Montagnés Buch ‹Le festin occitan› (Das okzitanische Festmahl) von 1929. Obwohl der Autor selbst aus Carcassonne stammte, erkannte er also ganz eindeutig die Überlegenheit des Cassoulet aus Castelnaudary an. Aber wer war Prosper Montagné, kann man ihm wirklich Glauben schenken? Ein Jahrhundert nach Antoine Carême (1784–1833), dem Mann, der heute noch als «der König der Köche und der Koch der Könige» bekannt ist, «sind es vermutlich Prosper Montagné und Auguste Escoffier, die den größten Einfluss auf die französische Gastronomie und auf die der ganzen Welt ausübten. Montagné war einer der größten Köche aller Zeiten, und er hat sich einen Platz in der Geschichte der Gastronomie gesichert, indem er 1938 den ‹Larousse gastronomique› gründete.» Nach einer solchen Eloge, die immerhin in der französischen Ausgabe der ‹Enzyklopaedia Britannica› veröffentlicht wurde, trauen wir uns nicht mehr, seine Aussage anzuzweifeln, wo doch einige Leute bereit sind, ihn selbst als Gottvater der Gastronomie zu betrachten.

Dabei verziehen beim Wort Cassoulet all diejenigen das Gesicht, die nicht aus dem Südwesten Frankreichs

sine « facile » après l'arrivée des super- et des hypermarchés dans les années soixante et soixante-dix du XXe siècle font la grimasse. Ils pensent à ces conserves de cassoulet bon marché qu'ils achetaient lorsque l'état de leur compte en banque les incitait à se serrer la ceinture : en effet une seule boîte suffisait pour nourrir toute une famille … qui souffrait de ballonnements ou de maux de ventre durant trois jours après en avoir mangé.

Ce n'est évidemment pas ce cassoulet-là dont Prosper Montagné et ses adeptes vantaient les mérites. Mais faisons les choses dans l'ordre. Pour commencer, qu'est-ce qu'un véritable cassoulet ? C'est un ragoût de haricots secs, le plus souvent blancs, mijoté pendant des heures et contenant du confit d'oie (à Castelnaudary) ou de canard (à Toulouse), du lard, de la couenne, du jarret de porc ou de la saucisse. À Carcassonne on y ajoute même parfois de la perdrix ou de l'agneau. Comme souvent les plats régionaux populaires nécessitant une cuisson très longue – c'est le cas aussi du baeckeoffe en Alsace par exemple – on apportait autrefois le cassoulet chez le boulanger : lorsqu'il avait terminé sa fournée de pain son four restait chaud durant de longues heures.

Pour les non-initiés, il est difficile de suivre les interminables débats entre connaisseurs, à commencer par les discussions portant sur la base même du cassoulet : les haricots secs. Car n'en déplaise aux profanes, il en existe de multiples variétés. À Castelnaudary on insiste sur la nécessité d'utiliser des

stammen und die sich nach dem Aufkommen der Super- und Verbrauchermärkte in den Sechziger- und Siebzigerjahren an die «schnelle» Küche gewöhnt hatten. Sie denken an jene billigen Konserven zurück, die sie kauften, wenn die Lage ihres Bankkontos sie dazu aufforderte, den Gürtel enger zu schnallen: Eine einzige Dose reichte ja auch, um eine ganze Familie zu ernähren – die danach drei Tage lang Blähungen oder Bauchschmerzen hatte.

Natürlich war es nicht diese Art von Cassoulet, die von Prosper Montagné und seinen Anhängern in den Himmel gehoben wurde. Doch gehen wir der Reihe nach vor. Was ist überhaupt ein echtes Cassoulet? Es ist ein Ragout aus getrockneten Bohnen, meist weißen, die stundenlang bei schwacher Hitze geköchelt werden, und zwar mit Gänseconfit (in Castelnaudary) oder Entenconfit (in Toulouse), dazu Speck, Schwarte, Schweinefuß oder Wurst. In Carcassonne wird sogar manchmal Rebhuhn oder Lamm beigefügt. Wie häufig bei regionalen, volkstümlichen Gerichten, die eine sehr lange Garzeit erfordern – das ist z. B. auch der Fall im Elsass mit dem Bäckeofe –, wurde das Cassoulet früher zum Bäcker gebracht: Nachdem er das Brot gebacken hatte, blieb sein Ofen noch stundenlang warm

Für Laien sind die endlosen Debatten unter Kennern schwer nachzuvollziehen, und dies gilt allein schon für die Basis des Gerichts, die getrockneten Bohnen. Die Banausen haben davon keine Ahnung, aber es gibt unzählige Sorten davon. In Castelnaudary wird stets darauf hingewiesen, man müsse unbedingt weiße

haricots blancs du Lauragais. Il s'agit d'une variété originaire du Mexique ou du Pérou et rapportée en Europe par Christophe Colomb. Au début du XVIe siècle un prélat italien du nom de Pietro Valerio reçut du pape Clément VII quelques-uns de ces haricots venus d'Amérique du Sud. Le chanoine fit des essais avec ces curiosités botaniques et se mit à les cultiver; il en découvrit non seulement l'utilité alimentaire, mais aussi les vertus aphrodisiaques ! Or, lorsque Catherine de Médicis épousa le dauphin de France, le futur Henri II, son frère lui offrit en cadeau de mariage un sac de ces haricots. Devenue comtesse du Lauragais elle encouragea la culture de cette plante dans la région de Laurac près de Castelnaudary.

Le cassoulet, un aphrodisiaque? Libre à chacun de faire l'essai... (Les ballonnements et les pets qui s'en suivent ne seraient-il pas plutôt une raison de faire chambre à part?) Quoiqu'il en soit, les gourmets curieux se demanderont d'où vient le nom bizarre de ce plat traditionnel. Jusqu'au XVIIe siècle – le grand siècle de la cuisine française, disent les historiens de la gastronomie – ce plat qui n'était qu'un simple ragoût portait le nom d'« estouffet » (qui rappelle l'expression « cuire à l'étouffée »). S'il devient alors « cassoulet », c'est qu'il faut le faire mijoter dans une « cassole », une sorte de jatte en terre cuite à bord légèrement évasé, vernissée à l'intérieur. Les premières cassoles étaient fabriquées dès la fin du XIVe siècle par un potier italien installé à Issel, un petit

« Lauragais-Bohnen » verwenden. Es handelt sich um eine aus Mexiko oder Peru stammende Sorte, die angeblich von Kolumbus nach Europa mitgebracht wurde. Zu Beginn des 16. Jahrhunderts hat ein italienischer Prälat namens Pietro Valerio von Papst Klemens VII. eine kleine Probemenge dieser lateinamerikanischen Bohnen geschenkt bekommen. Der Kanonikus machte Versuche mit dieser botanischen Kuriosität und züchtete sie; dabei stellte er fest, dass die Bohnenfrüchte nicht nur einen hohen Nährwert hatten, sondern auch aphrodisiakische Wirkungen zeitigten. Als Katharina von Medici den französischen Thronfolger, den zukünftigen Heinrich II. heiratete, schenkte ihr Bruder ihr ein Säckchen solcher Bohnen zur Hochzeit. Katharina wurde Gräfin von Lauragais und ermunterte die Bauern in der Gegend von Laurac bei Castelnaudary, diese Pflanze anzubauen.

Cassoulet, ein Aphrodisiakum? Das möge jeder selbst ausprobieren … (Könnten Blähungen und Fürze nicht eher dazu anregen, lieber in getrennten Räumen zu schlafen?) Unabhängig davon werden sich neugierige Gourmets sicher fragen, woher denn der sonderbare Name stammt. Bis weit ins 17. Jahrhundert – das große Jahrhundert der französischen Küche, behaupten die Gastronomie-Historiker – war dieses einfache, ländliche Gericht nur ein Ragout und hieß « Estouffet » (was vermutlich mit *cuire à l'étouffée*, schmoren, verwandt ist). Später heißt es dann « Cassoulet », weil es immer in einer *cassole* geschmort wird: in einer großen Schale aus Steingut, deren Rand nach außen abgeschrägt und die innen glasiert ist. Die ersten *cassoles* wurden bereits gegen Ende des 14. Jahrhunderts von einem italienischen Töpfer hergestellt, der seine Werkstatt im kleinen Dorf Issel,

village au nord de Castelnaudary … Il n'y a pas de hasards, disent les Français.

Un mot encore sur la grande querelle concernant l'origine du «véritable» cassoulet. En 1890 paraît dans ‹La revue méridionale› un article dont l'auteur affirme que le seul Cassoulet authentique serait celui de Castelnaudary. Les intellectuels s'en mêlent, Anatole France confirme ces dires: le cassoulet de Carcassonne ne serait qu'un vulgaire gigot de mouton aux haricots! Au tournant du siècle la presse parisienne s'en mêle à son tour. Les débats sont houleux, mais comme toujours quand les journalistes se passionnent pour un sujet, même banal, ils contribuent à la propagation de ce qu'ils défendent ou rejettent, et dans le cas du cassoulet à l'essor de la culture gastronomique. Le témoignage de Prosper Montagné cité plus haut était sans doute une tentative salomonique fort sage de calmer les esprits … afin que la France entière puisse revenir à une consommation aussi sereine qu'immodérée de ce plat «divin»!

Cependant, il vaudrait peut-être mieux ne pas trop insister sur toutes ces couennes et tout ce lard mélangés aux haricots si l'on veut gagner, chez nos voisins allemands, de nouveaux adeptes du cassoulet. Sans quoi cette étoile de la gastronomie française connaîtra le même sort que les tripes à la mode de Caen: outre-Rhin, le cercle des amateurs sera plutôt réduit!

nördlich von Castelnaudary hatte. Reine Zufälle gibt es nicht, sagen die Franzosen.

Noch ein Wort zum großen Streit über das «echte» Cassoulet. 1890 erscheint in der Zeitschrift ‹La revue méridionale› ein Artikel, dessen Autor behauptet, das einzige authentische Cassoulet komme aus Castelnaudary. Die Intellektuellen mischen sich in die Diskussion ein, Anatole France bestätigt die Aussage: das Cassoulet aus Carcassonne sei doch nur eine ganz gewöhnliche Lammkeule mit Bohnen! Um die Jahrhundertwende mischt sich dann auch die Pariser Presse ein. Die Diskussionen werden immer aggressiver, und wie immer, wenn sich Journalisten zu einem Thema ereifern, so banal es auch sei, sie tragen zur Verbreitung der von ihnen verteidigten oder verworfenen Sache bei, in diesem Fall also zum Aufschwung der gastronomischen Kultur. Die eingangs zitierte Äußerung von Prosper Montagné war vermutlich ein weiser, salomonischer Versuch, die Geister (und Gemüter) zu besänftigen, auf dass ganz Frankreich zurückkomme zum ebenso friedlichen wie ungehemmten Genuss eines «göttlichen» Gerichts.

Will man allerdings im Nachbarland neue Cassoulet-Anhänger gewinnen, so sollte man vielleicht darauf verzichten, den deutschen Gourmets allzu genau und detailliert zu erzählen, was alles an Schwartigem und Schweinefüßigem unter die Bohnen gemischt wird. Sonst geht es diesem Glanzstück der französischen Gastronomie wie den Kutteln à la mode de Caen: der Liebhaberkreis bleibt jenseits des Rheins eher beschränkt.

Les cannelés (ou canelés) bordelais

Un jour, l'ami Fritz, un personnage de roman du XIXe siècle, fit un voyage à Bordeaux – les lecteurs d'Erckmann-Chatrian savent à quel point cet homme était gourmand. L'Alsacien ne tarda pas à s'arrêter devant la vitrine d'un pâtissier. « Mais qu'est-ce que c'est que ces kouglofs nains ? » s'écria-t-il. « Je parie qu'il faut en manger au moins vingt-cinq avant de sentir s'estomper le creux à l'estomac. » Et il entra dans la pâtisserie pour en acheter une cinquantaine … après tout, on ne sait jamais !

Mais contrairement à ce que peuvent penser les touristes de l'autre bout de la France, le cannelé n'est pas un kouglof miniature, il ne s'agit pas d'une importation alsacienne, loin de là. C'est un petit gâteau à pâte molle et tendre, parfumé au rhum et à la vanille – nous voilà loin de l'Alsace ! –, recouvert d'une jolie croûte dorée, faite de sucre caramélisé. Et il ne contient pas de cannelle, comme son nom semble le suggérer ; cependant, il est bel et bien « cannelé », c'est-à-dire qu'il présente des rainures semblables à celles du kouglof, mais minuscules, puisqu'il ne mesure que quatre ou cinq centimètres de haut et autant de diamètre.

Comme pour toutes les spécialités régionales, diverses légendes viennent se greffer sur l'histoire de ce petit gâteau. Ce qui est certain, c'est que les

Die « Cannelés » (oder « Canelés ») aus Bordeaux

Eines Tages unternahm Freund Fritz, eine Romanfigur des 19. Jahrhunderts, eine Reise nach Bordeaux – die Leser von Erckmann-Chatrian wissen, wie sehr dieser Mensch Freude am Essen hatte. Der Elsässer blieb bald schon vor dem Schaufenster eines Konditors stehen. « Das sind ja Gugelhupfe für Zwerge ! », rief er. « Ich wette, dass man davon mindestens fünfundzwanzig essen muss, bis sich der Magen ein wenig füllt ! » Und er ging hinein in die Konditorei und kaufte fünfzig Stück … man kann ja nie wissen !

Aber im Gegensatz zu dem, was Touristen vom anderen Ende Frankreichs denken mögen, ein « Cannelé » ist kein Miniatur-Gugelhupf, es handelt sich keineswegs um Importware aus dem Elsass. Es ist ein kleines Küchlein aus weichem, zartem Teig, das nach Rum und Vanille duftet – ja, da sind wir weit entfernt vom Elsass ! –, überzogen mit einer goldenen Kruste aus karamellisiertem Zucker. Und dieses Gebäck enthält auch keinen Zimt, worauf der Name (« cannelle ») im Französischen hinzuweisen scheint. Aber es ist durchaus « kanneliert », das heißt, dass es ähnlich wie ein Gugelhupf senkrechte Rillen aufweist, allerdings nur winzige, denn diese Süßigkeit ist nur vier bis fünf Zentimeter hoch und ebenso gering ist der Durchmesser.

Wie bei allen regionalen Spezialitäten haben sich unterschiedliche Legenden um die Geschichte dieses kleinen Kuchens gebildet. Sicher ist nur, dass die « Canau-

« canauliers » – artisans spécialisés dans la fabrication des « canaulés », ancêtres des cannelés – se sont organisés en corporation à Bordeaux dès 1663. Mais ce qu'il faut retenir avant tout, c'est le lien direct entre cette spécialité, l'activité portuaire de la ville de Bordeaux et la viticulture. C'est la technique du « collage » des vins rouges qui, très probablement, a été déterminante pour la création de ces friandises. « Coller » le vin consiste à le filtrer ou le clarifier en introduisant dans les fûts une substance contenant des protéines, qui va coaguler au contact des tanins : les particules en suspension sont emprisonnées dans la matière et peuvent être éliminées plus aisément. Or il n'y a pas bien longtemps encore, les vignerons utilisaient surtout du blanc d'œuf – riche en protéines – monté en neige en guise de coagulant pour clarifier leurs vins. Si l'on considère qu'aujourd'hui encore il y a plus de six mille exploitations viticoles dans le Bordelais, on peut imaginer le nombre d'œufs nécessaires pour mettre en œuvre le processus ! Et que faire alors de tous ces jaunes d'œufs perdus ? Des omelettes ? Non, l'histoire dit que les viticulteurs en faisaient don aux « petites sœurs des pauvres »… ou les vendaient à d'astucieux pâtissiers. Ceux-ci confectionnaient des gâteaux en y ajoutant tous les ingrédients dont on disposait en abondance à Bordeaux : le rhum, la vanille et le sucre de canne venus des îles. (Pour ne pas perturber le plaisir des mangeurs de cannelés, mieux vaut ici ne pas insister sur le rôle joué par la ville de Bordeaux

liers» – die Hersteller von «Canaulés», der Urform der Cannelés – sich bereits 1663 in Bordeaux zu einer Zunft zusammenschlossen. Aber was vor allem festgehalten werden sollte, ist die historische Verbindung zwischen dieser Spezialität und der Hafenstadt Bordeaux sowie dem Weinbau des Umlandes. Vermutlich ganz entscheidend für die Erfindung dieser kleinen Süßigkeit war das Klären der Rotweine. Die Technik des Klärens besteht darin, dass in die Fässer eine proteinhaltige Substanz eingeführt wird, die beim Kontakt mit den Tanninen ausflockt: die im Wein befindlichen Schwebstoffe gerinnen und können so leichter entfernt werden. Vor nicht allzu langer Zeit noch verwendeten die Winzer als Flockungsmittel vor allem zu Schnee geschlagenes Eiweiß – was sehr reich an Proteinen ist – um ihre Weine zu klären. Wenn man bedenkt, dass es heute noch mehr als sechstausend Weingüter in der Gegend von Bordeaux gibt, kann man sich etwa vorstellen, wie viele Eier nötig waren, um den Prozess durchzuführen. Und was sollte mit all dem Eigelb, das dabei übrigblieb, gemacht werden? Omelettes? Nein! So war das offenbar nicht. Die Winzer sollen das Eigelb einem Schwesternorden zur Verfügung gestellt … oder aber an kluge, erfinderische Konditoren verkauft haben. Die daraus kleine Kuchen machten, indem sie alle exotischen Zutaten hinzufügten, die es in der Hafenstadt Bordeaux zuhauf gab: Rum, Vanille und Rohrzucker. (Um den Liebhabern von Cannelés die Freude und den Appetit nicht zu verderben, soll hier nicht weiter auf die Rolle eingegangen werden, die Bordeaux beim berüchtigten

dans le « commerce triangulaire » et le travail des « négriers » !)

La corporation des canauliers connaît un essor inouï au cours du XVIIIe siècle – en 1785, trente-neuf canauliers se disputent le marché à Bordeaux – mais la Révolution mettra fin à l'existence des corporations, ce qui nuira considérablement à la profession. Les mécréants s'en réjouissent peut-être, puisque les « boulangers de pain-bénit » faisaient partie de la même corporation ! Le fait est que la fabrication de cannelés s'arrête presque entièrement au cours du XIXe siècle et ne connaîtra un nouvel essor qu'au début du XXe. En 1985, près de deux cents ans après la Révolution et l'interdiction des corporations, la « Confrérie des canelés de Bordeaux » voit le jour – des « canelés » avec un seul « n », sans doute à la mémoire des ancêtres, les canauliers. L'appellation « canelé de Bordeaux » est déposée par la Confrérie à l'Institut national de la propriété industrielle. Le département de la Gironde dont fait partie la ville de Bordeaux compte aujourd'hui près de six cents fabricants ! La consommation de canelés (au petit déjeuner, au goûter, en dessert, dans les cocktails mondains …) est estimée à près de cinq millions de pièces par an. L'ami Fritz les avait pris pour des mini-kouglofs. Ils en ont ses courbes qui conduisent à la rondeur de la gourmandise. Gourmandise : un mot que Montaigne, illustre Bordelais, partage volontiers avec l'Alsacien Fritz.

Atlantischen Dreieckshandel und der Arbeit der Sklavenhändler spielte!)

Die Zunft der «Canauliers» erfährt im Laufe des 18. Jahrhunderts einen unglaublichen Aufschwung – 1785 machen neununddreißig «Canauliers» einander Konkurrenz in Bordeaux –, aber die Revolution wird die Zünfte abschaffen, was dieser Berufssparte sehr schaden wird. Möglicherweise freut es aber die Ungläubigen, da die auf «gesegnetes Brot» spezialisierten Bäcker Mitglieder derselben Zunft waren! Jedenfalls hört die Herstellung von Cannelés im Laufe des 19. Jahrhunderts fast vollkommen auf und wird erst zu Beginn des 20. Jahrhunderts wieder Aufwind bekommen. 1985, nahezu zweihundert Jahre nach der Französischen Revolution und der Abschaffung der Zünfte wird die «Bruderschaft der Canelés von Bordeaux» ins Leben gerufen – «Canelés» mit nur einem «n» wohlgemerkt, vermutlich zum Andenken an die Vorläufer, die «Canauliers». Den Namen «Canelés de Bordeaux» lässt die Bruderschaft vom nationalen Markenamt schützen – und das Departement Gironde, in dem sich Bordeaux befindet, zählt heute nahezu sechshundert Hersteller! Der Verzehr von Canelés (beim Frühstück, zum Nachmittagstee, als Nachtisch, bei mondänen Empfängen …) wird auf nahezu fünf Millionen Stück pro Jahr geschätzt. Freund Fritz hatte sie für Miniatur-Gugelhupfs gehalten. Ja doch, sie weisen deren rundliche Formen auf, und bekanntlich führt auch die Naschsucht zu Rundungen. Naschsucht: ein Wort, das Montaigne, einen berühmten Bordelais, durchaus mit dem Elsässer Fritz verbindet.

Les crêpes bretonnes

Un groupe de touristes d'origines diverses s'apprête à partir en Bretagne. Pour les mettre dans le bain, le guide leur demande ce que spontanément ils associent à cette région de France. Une dame d'un certain âge s'écrie : « Bécassine, évidemment ! » Comme tous les petits Français à l'époque, elle connaissait par cœur les aventures de cette petite bonne bretonne un peu niaise, consignées à partir de 1905 dans une trentaine d'albums un peu oubliés de nos jours. Un jeune homme faisant partie du groupe réplique : « Pour moi, c'est plutôt Obélix ! » Il ne faut pas oublier qu'en guise d'exercice de musculation et pour entretenir la forme, le compère d'Astérix avait la manie de transporter des menhirs bretons sur son dos. Deux autres personnes du groupe, plus romantiques, évoquent les paysages grandioses, les côtes rocheuses, la mer agitée, d'autres encore les huîtres, les coquilles Saint-Jacques et le poisson – bien meilleur que celui de la Méditerranée, prétendent-ils ! Mais la plupart des personnes du groupe se prononcent pour les crêpes.

C'est en Bretagne en effet que les vrais amateurs de crêpes trouveront leur bonheur : les crêperies bretonnes que l'on trouve à tous les coins de rue dans les villes et villages touristiques sont bien souvent leur destination préférée. Il est vrai qu'une crêperie

Bretonische Crêpes

Eine Gruppe von Touristen aus unterschiedlichen Regionen ist im Begriff, in die Bretagne aufzubrechen. Um seine Leute einzustimmen, fragt der Reiseführer, was sie spontan mit dieser Gegend Frankreichs verbinden. Eine Dame mittleren Alters ruft sofort: « Bécassine natürlich ! » Wie einst alle Franzosenkinder kannte sie sie auswendig, die Abenteuer dieses kleinen, etwas einfältigen bretonischen Dienstmädchens, die ab 1905 in etwa dreißig heute etwas in Vergessenheit geratenen Bildgeschichten für Kinder festgehalten wurden. Ein junger Mann aus der Gruppe wirft ein: « Bei mir ist es eher Obelix ! » Man darf nicht vergessen, dass der Weggefährte von Asterix als Mucki-Übung, um sich in Form zu halten, manisch bretonische Menhire auf dem Rücken herumschleppte. Zwei andere, romantischere Reiseteilnehmer erwähnen die grandiosen Landschaften, die Felsküsten, das bewegte Meer, wieder ein anderer die Austern, die Jakobsmuscheln und den Fisch – der viel besser sei als der aus dem Mittelmeer ! Aber die meisten Mitglieder der Reisegruppe nennen die hauchdünnen Pfannkuchen, die Crêpes.

Wahre Crêpe-Liebhaber finden ihr Glück in der Tat in der Bretagne: Die bretonischen « Crêperien », die man in den Touristendörfern und -städtchen an jeder Straßenecke findet, werden nicht selten zu ihrem bevorzugten Aufenthaltsort. Eine Crêperie ist zwar kein Schlemmer-

n'est pas une institution gastronomique, mais l'amateur peut s'adonner sans modération à son petit vice.

En fait, on distingue deux sortes de crêpes en Bretagne: la crêpe à la farine de froment et la crêpe à la farine de blé noir ou sarrasin. Même si les crêperies bretonnes ont essaimé dans toutes les régions de France au cours de la seconde moitié du XXe siècle, la deuxième variété de crêpes y est beaucoup moins répandue.

La crêpe « normale » est faite d'une pâte à base d'œufs, de farine de froment et de lait, et elle est généralement consommée sous forme sucrée: tout simplement saupoudrée de cassonade, ou avec de la confiture ou du miel, de la crème chantilly, parfois même avec de la glace, des crèmes à la vanille ou au chocolat.

Dans la crêpe au sarrasin ou « galette » le lait est remplacé par de l'eau et en principe la pâte ne contient pas d'œufs, ces derniers venant plutôt en accompagnement. Cette variété de crêpes se mange généralement avec une garniture salée: jambon, fromage, saucisses, champignons, légumes en tous genres, œufs sur le plat ...

Mais la créativité des cuisinières bretonnes – et pas seulement bretonnes d'ailleurs – ne connaît pas de limites: certaines fabriquent des crêpes « fourrées », qu'elles font ensuite gratiner, et là encore la farce peut être sucrée ou salée.

Pour la présentation aussi, toutes les fantaisies sont permises: selon l'accompagnement la crêpe

lokal, aber der Genießer kann hier hemmungslos seinem kleinen Laster frönen.

Tatsache ist, dass man in der Bretagne zwei Crêpesorten unterscheidet: die Crêpe aus normalem Weizenmehl und die Crêpe aus Buchweizenmehl. Auch wenn in der zweiten Hälfte des 20. Jahrhunderts die bretonischen Crêperien sich über ganz Frankreich ausgebreitet haben, so ist doch die zweite Variante weit weniger verbreitet.

Die «normale» Crêpe wird aus einem Teig gemacht, der aus Eiern, Weizenmehl und Milch besteht, und sie wird im Allgemeinen süß serviert: einfach nur mit Rohzucker bestreut oder aber mit Konfitüre oder Honig bestrichen, wobei auch Schlagsahne, manchmal sogar Eis, Vanille- oder Schokoladencreme als Belag verwendet werden.

Bei der Crêpe aus Buchweizenmehl, manchmal auch «Galette» genannt, wird die Milch durch schlichtes Wasser ersetzt, und im Prinzip enthält sie auch keine Eier – diese werden eher als Beilage serviert. Diese Crêpesorte isst man fast immer mit einem salzigen Belag: Schinken, Käse, Würstchen, Champignons, allerlei Gemüse, Spiegeleier …

Aber die schöpferische Begabung der bretonischen Köchinnen – und übrigens nicht nur der bretonischen – kennt keine Grenzen: Manche machen zum Beispiel «gefüllte» Crêpes, die sie danach überbacken; die Füllung kann auch da wieder süß oder salzig sein.

Auch beim Anrichten sind viele Varianten möglich: Je nach Füllung kann die Crêpe einmal gefaltet werden, dann

peut être pliée en deux – elle aura l'aspect d'une demi-lune – ou en quatre, elle peut être roulée, présentée en triangle ou en «pannequet»: la garniture est déposée au centre de la crêpe et les bords opposés sont rabattus dans un sens d'abord puis dans l'autre, la crêpe aura un peu l'aspect d'une enveloppe ou d'un petit paquet.

Mais la crêpe la plus célèbre est sans doute celle que l'on nomme la crêpe Suzette, devenue depuis fort longtemps un classique de la cuisine française. C'est Auguste Escoffier qui la créa à la fin du XIXe siècle. Escoffier fut l'un des premiers très grands chefs français – il dirigea divers établissement prestigieux en France et à l'étranger et écrivit plusieurs livres de cuisine – et même si le guide Michelin et ses étoiles n'existaient pas encore à l'époque, la gastronomie française lui doit sans aucun doute une bonne part de sa réputation internationale. En 1890, Escoffier dirigeait les cuisines de l'hôtel Savoy à Londres, et c'est pour le Prince de Galles qu'il créa les crêpes Suzette. Elles sont préparées avec un beurre fondu mélangé avec du sucre, du Grand Marnier, de l'orange et du citron et le plus souvent flambées. Lorsqu'il les servit au futur roi Édouard VII, il lui proposa de leur donner son illustre nom. Mais ce dernier lui aurait alors répondu: «Mais non, je ne suis pas digne de cette merveille! Donnons-lui plutôt le nom de cette jeune personne qui est à mes côtés ce soir!» La jeune personne en question était l'actrice française

sieht sie aus wie ein Halbmond, oder zweimal, sie kann auch gerollt, als Dreieck oder aber als *pannequet*, als Päckchen sozusagen, serviert werden: Der Belag wird in der Mitte der Crêpe platziert und die zwei entgegengesetzten Ränder werden jeweils darübergeklappt, zunächst in die eine Richtung, dann in die andere, die Crêpe sieht dann aus wie ein Briefumschlag oder eben wie ein flaches Päckchen.

Die berühmteste Crêpe aber ist vermutlich diejenige, die man Crêpe Suzette nennt und die schon früh zu einem Klassiker der französischen Küche geworden ist. Kreiert wurde sie von Auguste Escoffier gegen Ende des 19. Jahrhunderts. Escoffier war einer der ersten sehr bedeutenden französischen Küchenchefs – er hat diverse berühmte Restaurants in Frankreich und im Ausland geleitet und mehrere bis heute bekannte Kochbücher geschrieben – und die französische Gastronomie hat ihm zweifelsohne einen großen Teil ihres internationalen Ruhms zu verdanken, auch wenn der Michelin-Führer und seine Sterne damals noch nicht existierten. 1890 leitete Escoffier die Küche des Hôtel Savoy in London, und die berühmten Crêpes Suzette kreierte er damals für den Prince of Wales. Sie werden mit zerlassener Butter hergestellt, die mit Zucker, Grand Marnier, Orange und Zitrone vermischt wird, und in der Regel flambiert. Als er sie dem zukünftigen König Eduard VII. servierte, schlug er ihm vor, dem Gericht seinen erlauchten Namen zu geben. Aber der illustre Gast soll geantwortet haben: « O nein, ein solches Wunderwerk habe ich nicht verdient! Geben wir ihm eher den Namen dieser jungen Dame, die heute Abend an meiner Seite weilt! » Die junge Dame war die französische Schauspielerin Suzan-

Suzanne Reichenberg ... Il est peu probable que ce soir-là le Prince de Galles se soit contenté d'un simple cidre pour accompagner sa crêpe, comme c'est la tradition en Bretagne. Mais l'histoire ne dit pas si Escoffier lui servit du champagne.

Revenons un instant aux simples crêpes, celles qui depuis toujours constituent un plat populaire. Une tradition bien ancrée dans toutes les régions de France, pas seulement en Bretagne, est de manger des crêpes à la Chandeleur, le 2 février, quarante jours après Noël:

Le veille de la Chandeleur
L'hiver se passe ou prend rigueur!
Si tu sais bien tenir ta poêle
À toi l'argent en quantité,
Mais gare à la mauvaise étoile
Si tu mets la crêpe à côté!

dit la chanson, et d'une certaine façon, elle résume à la fois l'histoire de la crêpe et toutes les superstitions qui s'y rattachent. La Chandeleur annonce la fin de l'hiver, bientôt les journées commenceront à s'allonger, on attend l'arrivée du soleil. Or avec leur belle forme ronde et leur jolie couleur dorée, les crêpes rappellent le soleil et c'est pourquoi elles sont devenues un symbole de prospérité pour l'année à venir. La tradition veut que l'on fasse sauter la crêpe en tenant la poêle d'une main et une pièce d'argent dans l'autre: si la crêpe ne tombe pas à côté de la poêle

ne Reichenberg. Es ist wohl kaum anzunehmen, dass sich der Prince of Wales an jenem Abend mit einem schlichten Cidre (Apfelwein) zu seiner Crêpe begnügte, so wie das in der Bretagne üblich ist. Aber die Geschichte lässt im Unklaren, ob ihm Escoffier stattdessen Champagner servierte.

Kommen wir noch einmal auf unsere ganz einfachen Crêpes zurück, diejenigen, die seit eh und je ein volkstümliches Essen sind. Es ist alter Brauch in ganz Frankreich, nicht nur in der Bretagne, zu Mariä Lichtmess am 2. Februar, vierzig Tage nach Weihnachten, Crêpes zu essen:

Am Vorabend von Lichtmess
Ist der Winter vorbei oder kommt erst!
Wenn du die Pfanne zu halten weißt,
Dann steht dir Geld in Mengen bereit.
Aber wehe! Du stehst unter einem bösen Stern,
Wenn du die Crêpe daneben schmeißt!

So heißt es in einem alten Lied, und in gewisser Weise werden darin die ganze Geschichte der Crêpe und der ganze Aberglaube, der sich damit verbindet, zusammengefasst. Lichtmess kündigt das Ende des Winters an, bald werden die Tage länger, man wartet auf Sonne. Mit ihrer schönen runden Form und der hübschen goldbraunen Farbe erinnern die Crêpes an die Sonne, weshalb sie zum Symbol des Wohlstands für das kommende Jahr geworden sind. Der Brauch verlangt, dass man den Pfannkuchen springen lässt, indem man die Pfanne in der rechten Hand und ein Geldstück in der linken hält. Wenn die Crêpe

(ou ne colle pas au plafond !), c'est bon signe : l'année sera bonne.

La crêpe est devenue un incontournable de la cuisine française, mais cela n'a pas empêché les Français d'y associer quelques expressions assez peu charmantes, et pour lesquelles nos voisins allemands n'ont d'ailleurs pas de véritable équivalent. La crêpe allemande – le *Pfannkuchen* – n'a pas donné lieu à des comparaisons humoristiques, si ce n'est qu'elle s'applique parfois de manière fort peu galante à une femme pas très jolie. En revanche, les Français « laissent tomber un ami comme une crêpe », ils l'abandonnent purement et simplement à son sort ; ou alors ils sont rusés et parviennent à « retourner quelqu'un comme une crêpe », à le faire changer radicalement d'avis ; à moins qu'ils aient intérêt à « s'aplatir devant quelqu'un comme une crêpe », s'ils espèrent obtenir des avantages immérités. Mais il est fort peu probable qu'un touriste allemand songe à ces subtilités linguistiques lorsqu'il est attablé devant sa crêpe bretonne qu'il ne va pas tarder à avaler avec une ferveur goulue !

nicht auf den Boden fällt (oder nicht an der Decke kleben bleibt), ist das ein gutes Zeichen: Es wird ein gutes Jahr.

Die Crêpe ist ein unumgänglicher Bestandteil der französischen Küche, aber das hat die französische Sprache nicht daran gehindert, ein paar recht uncharmante Redensarten zu entwickeln, für die sich übrigens beim deutschen Nachbarn keinerlei direkte Entsprechungen finden lassen. Für den Humor gibt der deutsche «Pfannkuchen» sprachlich nichts her, wenn man davon absieht, dass er eine sehr ungalante Bezeichnung für eine wenig hübsche Frau sein kann. Die Franzosen hingegen lassen einen Freund fallen wie eine Crêpe», das heißt, sie überlassen ihn schlicht und ergreifend seinem Schicksal; oder aber sie sind schlau und kriegen den anderen herum: «sie drehen ihn um wie eine Crêpe»; es sei denn, sie «machen sich vor jemandem platt, wie ein Pfannkuchen», wenn sie sich dadurch unverdientermaßen Vorteile erhoffen. Aber an solche linguistischen Feinheiten denkt ein deutscher Tourist garantiert nicht, während er andächtig seine bretonische Crêpe verzehrt.

La soupe à l'oignon, une spécialité parisienne?

« Les Halles à Paris, ma foi, ce n'était pas seulement le marché en gros. C'étaient aussi les bistrots, les fêtards en smoking côtoyant les garçons bouchers aux blouses maculées de sang, tout un folklore ! Et surtout, c'était l'inoubliable soupe à l'oignon ! » soupirent les nostalgiques du vieux Paris. Eh oui ! la soupe à l'oignon que l'on mangeait à une heure avancée de la nuit au « Pied de Cochon », avant de rentrer, dans un état d'ébriété plus ou moins avancé, par le premier métro ! Le restaurant favori des noctambules existe toujours, mais les Halles ont disparu depuis la fin des années soixante, et ce ne sont plus les bouchers qui fréquentent le «Pied de Cochon» pour se donner des forces à quatre heures du matin. Les Halles ont fait place à … un méchant centre commercial en béton, et, fort heureusement, à l'un des plus beaux musées d'art contemporain du monde. Mais ce ne sont probablement pas les visiteurs du Centre Pompidou qui, aux aurores, peuplent les bistrots du quartier et mangent une dernière soupe à l'oignon. Ah ! le bon vieux temps !

Le moment est peut-être venu de se demander si la soupe à l'oignon est bel et bien une spécialité parisienne, comme l'imaginent les touristes, mais pas seulement eux. On sait que Paris n'est devenu

Zwiebelsuppe, eine Pariser Spezialität?

« Die Hallen von Paris, tja, das war nicht nur der Großmarkt. Das waren auch die Kneipen, die Nachtschwärmer im Smoking neben den Metzgergesellen in ihren blutbefleckten Schürzen, eine unglaubliche Folklore ! Vor allem war das die unvergessliche Zwiebelsuppe ! », seufzen alle, die sich nach dem alten Paris sehnen. Ach ja ! Die Zwiebelsuppe, die man irgendwann spät in der Nacht im « Pied de Cochon » bestellte, bevor man mehr oder weniger betrunken mit der ersten Metro nach Hause fuhr ! Das Lieblingsrestaurant der Pariser Nachtschwärmer gibt es auch heute noch, aber die Hallen sind seit Ende der Sechzigerjahre verschwunden, auch sind es heute nicht mehr die Metzger, die um vier Uhr früh im « Pied de Cochon » verkehren, um wieder zu Kräften zu kommen. An der Stelle der Hallen steht heute ein scheußliches Beton-Einkaufszentrum, zum Glück aber auch eines der schönsten Museen für moderne Kunst der Welt. Die Besucher des Centre Pompidou sind allerdings kaum daran interessiert, sich bis zum Morgengrauen herumzutreiben, um dann noch in einer der schönen alten Kneipen dieses Viertels eine letzte Zwiebelsuppe zu sich zu nehmen. Ach !, die gute, alte Zeit !

Vielleicht sollte man sich hier die Frage stellen, ob die Zwiebelsuppe wirklich eine Pariser Spezialität ist, wie nicht nur die Touristen meinen. Man weiß, dass Paris erst nach der Revolution zur Hauptstadt der französischen

le haut lieu de la gastronomie française qu'après la Révolution, à partir du moment où les plaisirs de bouche se sont démocratisés. Or l'amateur curieux en quête d'une recette classique de soupe à l'oignon ne tarde pas à découvrir que la première a été publiée en 1810. Et l'histoire est jolie :

« Quoique rien ne soit aussi commun, rien pourtant n'est meilleur que cette soupe bien préparée. Le roi de Pologne, Stanislas, en faisait un cas tout particulier. Dans un des ses voyages de Lunéville à Versailles, où il allait tous les ans visiter la reine sa fille, il s'arrêta dans une auberge de Châlons, où on lui servit une soupe à l'oignon si délicate et si *soignée,* qu'il ne voulut pas continuer sa route sans avoir appris à en préparer lui-même une semblable. Enveloppé de sa robe de chambre, Sa Majesté descendit à la cuisine, et voulut absolument que le chef opérât sous ses yeux. Ni la fumée, ni l'odeur de l'oignon, qui lui arrachait de grosses larmes, ne purent distraire son attention; Sa Majesté observa tout, en prit bonne note, et ne remonta en voiture qu'après être certaine de posséder l'art de faire une excellente soupe à l'oignon.

Voici comment se fait cette soupe, à jamais illustrée par l'anecdote que je viens de rapporter (…) :

On enlève la croûte du dessus d'un pain, on la casse en morceaux que l'on présente au feu des deux côtés. Quand ces croûtes sont chaudes, on les frotte de beurre frais, et on les représente de nouveau au feu jusqu'à ce qu'elles soient un peu grillées; on les pose alors

Gastronomie wurde, von dem Zeitpunkt an, als sich die Gaumenfreuden demokratisierten. Der neugierige Liebhaber guten Essens, der sich auf die Suche nach einem klassischen Zwiebelsuppenrezept macht, wird bald entdecken, dass das erste 1810 veröffentlicht wurde. Und die Geschichte klingt hübsch:

« Obwohl nichts so gewöhnlich ist, so gibt es doch nichts Besseres als diese Suppe, wenn sie gut gemacht ist. Stanislaus, der König von Polen, mochte sie ganz besonders. Während einer seiner Reisen von Lunéville nach Versailles, wo er jedes Jahr seine Tochter, die Königin, besuchte, machte er Halt in einem Wirtshaus in Châlons, wo man ihm eine so feine, so *gepflegte* Zwiebelsuppe servierte, dass er seine Reise nicht fortsetzen wollte, ohne gelernt zu haben, wie man eine solche zubereitet. In seinen Morgenmantel gehüllt ging Ihre Majestät in die Küche hinunter und bestand darauf, dass der Koch vor seinen Augen arbeitete. Weder der Dampf noch der Zwiebelgeruch, der ihm dicke Tränen in die Augen trieb, konnten seine Aufmerksamkeit trüben; Ihre Majestät der König beobachtete alles, merkte es sich und fuhr erst dann weiter, als er sich dessen gewiss war, dass er die Kunst, eine hervorragende Zwiebelsuppe zu kochen, beherrschte.

Und so macht man diese Suppe, die für alle Ewigkeit mit der Anekdote verbunden bleibt, die ich eben erzählt habe (…):

Man löst die Rinde von einem Brot, zerbricht sie in Stücke, die man auf beiden Seiten erhitzt. Wenn diese Rindenstücke heiß sind, bestreicht man sie mit frischer Butter und gibt sie wieder aufs Feuer, bis sie etwas

sur une assiette pendant le temps que l'on fait frire les oignons dans le beurre frais, on en met ordinairement trois gros, coupés en petits dés; on les laisse sur le feu jusqu'à ce qu'ils soient devenus d'un beau blond un peu foncé, teinte qu'on ne parvient à leur donner bien égale qu'en les remuant presque continuellement; on y ajoute ensuite les croûtes, en remuant toujours, jusqu'à ce que l'oignon brunisse. Quand il a suffisamment pris de couleur, pour le détacher de la casserole, on mouille avec de l'eau bouillante, on met l'assaisonnement et l'eau nécessaire, puis on laisse mitonner au moins un quart d'heure avant de servir.

Ce serait à tort que l'on penserait qu'en mouillant cette soupe avec du bouillon ou du consommé, on la rendrait meilleure; cette addition au contraire, en la rendant trop nutritive, altérerait sa délicatesse.»

La légende selon laquelle la soupe à l'oignon aurait été créée par Louis XV n'est donc pas tout à fait fausse, mais une petite correction s'impose: le monarque ne l'a pas inventée, un jour où il aurait subitement eu très faim dans son pavillon de chasse. C'est grâce à son épouse, Marie Leszczyńska, et à son père, le roi Stanislas de Pologne, que le mets fait son entrée dans les cuisines des Rois de France.

La citation est extraite de l'ouvrage intitulé ‹Livre de tous les ménages ou l'art de conserver pendant plusieurs années toutes les substances animales et végétales›. Reste à savoir qui en était l'auteur … Eh bien il s'agit de Nicolas Appert (1749–1841), qui fut le premier – dès 1765, près d'un siècle avant Louis

geröstet sind; dann legt man sie auf einen Teller und brät derweil die Zwiebeln in der frischen Butter; gewöhnlich verwendet man drei große, die man in kleine Würfel schneidet; man belässt sie auf dem Feuer, bis sie von schöner goldblonder Farbe sind, was nur zu erreichen ist, wenn man fast ununterbrochen rührt; dann gibt man die Krusten bei, immer noch unter ständigem Rühren, bis die Zwiebeln braun werden. Wenn sie genügend Farbe angenommen haben, gießt man kochendes Wasser hinzu, um sie vom Topf zu lösen; man schmeckt sie ab und lässt die Suppe mindestens eine weitere Viertelstunde köcheln, ehe man sie serviert.

Zu Unrecht glaubt man, diese Suppe würde besser, wenn man sie mit Fleischbrühe oder Consommé aufgießt; im Gegenteil: dadurch würde sie zu nahrhaft und somit weniger delikat.»

Die Legende, wonach die Zwiebelsuppe von Ludwig XV. erfunden wurde, ist also nicht ganz falsch, aber eine kleine Richtigstellung ist vonnöten: Der Monarch hat sie nicht erfunden, als er eines Tages in seinem Jagdhaus großen Hunger bekam. Seiner Frau, Maria Leszczyńska, und ihrem Vater, König Stanislaus von Polen, ist es zu verdanken, dass das Gericht Einzug in die Küche der Könige von Frankreich hielt.

Der Titel des Buches, dem das lange Zitat entnommen ist, lautet: ‹Buch für alle Haushalte, oder von der Kunst, sämtliche tierischen und pflanzlichen Substanzen mehrere Jahre lang zu konservieren›. Und wer war der Autor dieses Werkes? Nun, es handelt sich um Nicolas Appert (1749–1841), der als Erster – bereits 1765, also fast ein

Pasteur (1822–1895) et cent trente ans avant Johann Carl Weck (1841–1914) qui d'ailleurs ne fit qu'acheter le brevet ! –, à mettre au point une méthode consistant à stériliser les aliments pour mieux les conserver et assurer une nourriture saine et équilibrée tout au long de l'année, même l'hiver. Les seules méthodes de conservation connues et pratiquées jusque-là consistaient à saler, sécher, fumer ou confire viandes, légumes et fruits. Dorénavant l'appertisation permettait de préserver le goût et les valeurs nutritives des aliments. Mais que vient faire alors cette recette de la soupe à l'oignon dans un ouvrage consacré à l'art de bien conserver la nourriture?

Avant de devenir le savant (et par voie de conséquence l'industriel) dont nul en France n'ignore les mérites, Nicolas Appert avait appris le métier de cuisinier dans les meilleurs restaurants de sa ville natale, Châlons-en-Champagne, et notamment à l'hôtel de la Pomme d'Or où le roi Stanislas avait ses habitudes. L'anecdote de la soupe à l'oignon et la recette correspondante ne sont citées qu'en note de bas de page. Et c'est le chapitre portant sur le pot-au-feu qui sert de prétexte à Nicolas Appert pour relater un souvenir de jeunesse qui l'aura sans doute durablement marqué.

Jahrhundert vor Louis Pasteur (1822–1895) und einhundertdreißig Jahre vor Johann Carl Weck (1841–1914), der ohnehin nur das Patent erwarb! – eine Methode erfand, um Lebensmittel durch Sterilisieren besser haltbar zu machen und somit eine gesunde und ausgeglichene Ernährung das ganze Jahr über, auch im Winter, zu gewährleisten. Die einzigen bis dahin bekannten und angewandten Konservierungsmethoden waren das Pökeln, das Lufttrocknen, das Räuchern und das Kandieren von Fleisch, Gemüse und Obst. Künftig sollten beim «Appertisieren» Geschmack und Nährwert der Lebensmittel erhalten bleiben. Was aber hat dieses Zwiebelsuppenrezept in einem Buch zu suchen, das der Kunst, die Nahrungsmittel zu konservieren, gewidmet ist?

Nun, bevor Nicolas Appert jener Wissenschaftler (und in der Folge auch Unternehmer) wurde, dessen Verdienste in Frankreich wohlbekannt sind, hatte er in seiner Heimatstadt den Beruf des Kochs erlernt, und zwar in den besten Restaurants von Châlons-en-Champagne, insbesondere im Hotel zum Goldenen Apfel, wo König Stanislaus gewöhnlich abstieg. Die Anekdote mit der Zwiebelsuppe und das dazugehörige Rezept wurden lediglich als Fußnote eingefügt. Und es war das Kapitel über den Pot-au-feu, das Nicolas Appert den Vorwand lieferte, um diese für ihn sicherlich prägende Jugenderinnerung zu erzählen.

Hachis Parmentier

Ce matin, au cours d'histoire, le professeur a posé une question inattendue à ses élèves. « Savez-vous qui était Antoine Parmentier? » a-t-il demandé.

Silence dans la salle. Le premier de la classe, celui qui croit toujours tout savoir beaucoup mieux que les autres, finit par lever le doigt: « Je crois bien que c'était un compositeur … » Le professeur réprime un sourire amusé et répond: « Tu confonds avec Marc-Antoine Charpentier, qui était en effet un compositeur baroque ! » Les camarades ricanent: il mérite bien une douche froide de temps en temps, ce fanfaron !

Finalement le boute-en-train attitré de la classe lève le doigt à son tour et déclare: « Antoine Parmentier … je crois bien que c'est l'ancien cuisinier de notre cantine ! » L'hilarité est générale. Décidément, ce cours d'histoire ne prend pas la tournure habituelle !

« Le cuisinier de la cantine? Ici au collège? » demande le professeur tout en essayant de garder son sérieux.

« Mais oui, j'en suis même sûr ! C'est le bonhomme qui a inventé ce truc infect qu'on nous sert au moins deux fois par semaine à la cantine ! » s'exclame l'élève, fier de sa belle intuition, fier surtout d'avoir une fois de plus réussi à semer le désordre dans la classe.

« Eh bien, tu as presque trouvé la solution de l'énigme, *presque*. Ce plat fait de pommes de terres

Hachis Parmentier

Im Geschichtsunterricht heute Morgen hat der Lehrer den Schülern eine unerwartete Frage gestellt. «Wisst ihr, wer Antoine Parmentier war?», hat er gefragt.

Schweigen im Raum. Der Klassenprimus, derjenige, der immer glaubt, er wisse alles viel besser als die andern, hebt schließlich den Finger: «Ich glaube, das war ein Komponist …» Der Lehrer verkneift sich ein Lächeln und antwortet: «Du verwechselst ihn mit Marc-Antoine Charpentier, der in der Tat ein Komponist der Barockzeit war!» Die Klassenkameraden grinsen: Der darf ruhig hin und wieder eine kalte Dusche abkriegen, der Angeber!

Schließlich hebt der Witzbold der Klasse den Finger und erklärt: «Antoine Parmentier … also ich glaube, das ist der ehemalige Koch unserer Kantine!» Allgemeine Heiterkeit. Aha, der Geschichtsunterricht läuft heute mal ganz anders!

«Der Koch der Kantine? Hier im Gymnasium?», fragt der Lehrer und versucht, ernst zu bleiben.

«Ja doch, ich bin sogar ganz sicher! Das ist der Typ, der dieses widerliche Zeugs erfunden hat, das man uns in der Kantine mindestens zweimal die Woche auftischt!», ruft der Schüler, stolz auf seine schöne Eingebung, stolz vor allem darauf, dass es ihm wieder einmal gelungen ist, die Klasse ein wenig aufzumischen.

«Nun ja, du hast des Rätsels Lösung fast gefunden, aber nur fast! Dieses Gericht aus Kartoffeln und Fleischresten,

et de restes de viande et que tu n'as pas l'air d'aimer beaucoup doit bel et bien son nom à Antoine Parmentier. Mais d'abord ce n'est pas forcément un ‹truc infect›, comme tu dis. Au contraire, le hachis Parmentier de ma grand-mère était délicieux … une purée de pommes de terre moelleuse, une viande hachée parfaitement épicée, une belle sauce tomate parfumée aux herbes de Provence ! Mais ça, c'est une autre histoire. En tout cas, le personnage dont je voulais vous parler aujourd'hui n'était pas le cuisinier de la cantine du collège, mais un célèbre nutritionniste du XVIIIe siècle. Et ça ne peut pas vous faire de mal de manger de temps à autre le plat qui porte son nom ! »

Cette entrée en matière inhabituelle a fait son effet : exceptionnellement, tous les élèves, même le cancre de service, sont curieux d'entendre la suite de l'histoire ! Et c'est ainsi que ce jour-là, les élèves apprennent qu'Antoine Parmentier est né en 1737 dans une petite ville de Picardie, à Montdidier. Ses parents le destinaient à la profession d'apothicaire et il devint apprenti dans une pharmacie de sa ville natale dès l'âge de quinze ans. Passionné par son métier, il monte à Paris trois ans plus tard pour parfaire sa formation.

Mais en 1756 éclate la Guerre de Sept Ans et le jeune Antoine doit partir en Prusse pour se battre contre le roi Frédéric II. Blessé et fait prisonnier, il a le loisir d'observer les habitudes culinaires des Allemands, et c'est ainsi qu'il découvre pendant sa captivité les vertus de la pomme de terre. Ce tubercule

das du offenbar nicht sehr magst, verdankt seinen Namen in der Tat Antoine Parmentier. Aber zunächst einmal ist das nicht ein ‹widerliches Zeugs›, wie du behauptest. Im Gegenteil. Das Hachis Parmentier meiner Großmutter war köstlich … ganz cremiger Kartoffelbrei, perfekt gewürztes Hackfleisch und eine herrliche Tomatensauce, die nach den Kräutern der Provence duftete! Aber das ist eine andere Geschichte. Jedenfalls ist die Figur, auf die ich heute zu sprechen kommen möchte, nicht der Koch der Schulkantine gewesen, sondern ein bedeutender Ernährungswissenschaftler des 18. Jahrhunderts. Und es schadet gar nichts, dass ihr das nach ihm benannte Gericht hier zuweilen esst!»

Diese ungewöhnliche Einführung hat ihre Wirkung getan: Ausnahmsweise sind alle Schüler, sogar der notorische Faulpelz der Klasse, neugierig, die Fortsetzung der Geschichte zu hören. Und so erfahren sie nun, dass Antoine Parmentier im Jahre 1737 in einer kleinen Stadt der Picardie namens Montdidier geboren wurde. Seine Eltern wollen einen Apotheker aus ihm machen, und so wird er schon mit fünfzehn Jahren Lehrling in einer Apotheke seiner Geburtsstadt. Er interessiert sich leidenschaftlich für seinen Beruf und geht drei Jahre später nach Paris, um seine Ausbildung zu vervollkommnen.

Aber 1756 bricht der Siebenjährige Krieg aus und der junge Antoine wird eingezogen und nach Preußen geschickt, um gegen König Friedrich II. zu kämpfen. Er wird verwundet und gefangengenommen, und nun hat er Zeit, die Essgewohnheiten der Deutschen zu beobachten; so entdeckt er während seiner Gefangenschaft die besonde-

que ses compatriotes jusque là n'apprécient guère – il convient parfaitement à la nourriture des cochons, disent-ils ! – permettrait, le cas échéant, de juguler les famines.

À son retour à Paris en 1763, Parmentier reprend ses études. Quelques années plus tard, il participe à un concours sur le thème des végétaux de substitution dans l'alimentation humaine et obtient le premier prix pour son ‹Examen chimique de la pomme de terre›. Ce n'est qu'en 1772 que les membres de la Faculté de Médecine de Paris se penchent à leur tour sur le sujet et finissent par déclarer que la consommation de la pomme de terre ne présente aucun danger pour l'être humain. Parmentier obtient alors de Louis XVI que deux hectares de terres près de Paris soient mis à sa disposition pour planter des pommes de terre à titre d'essai. Afin de mieux convaincre la cour et, de fil en aiguille, la France entière, Parmentier offre au roi quelques échantillons pour son anniversaire. Mais la méfiance continue de régner et Parmentier a une idée de génie : le jour, il fait garder son champ par des hommes armés et par conséquent le peuple parisien est convaincu que ces tubercules valent une fortune. La nuit, personne n'est là pour protéger le trésor – qu'il est donc relativement facile de voler. Il va sans dire que cela contribue à populariser ce nouveau légume.

En 1781 enfin, Parmentier finira par soutenir une thèse consacrée aux ‹Recherches sur les végétaux nourrissants qui, dans les temps de disette, peuvent

ren Eigenschaften der Kartoffel. Diese Knolle, die seine Landsleute bislang nicht schätzen – sie eignet sich hervorragend als Schweinefutter, sagen sie! –, könnte im Ernstfall helfen, Hungersnöte einzudämmen.

Bei seiner Rückkehr nach Paris 1763 setzt Parmentier sein Studium fort. Ein paar Jahre später beteiligt er sich an einem Wettbewerb zum Thema Ersatzvegetabilien in der menschlichen Ernährung und erhält den ersten Preis für seine ‹Chemische Untersuchung der Kartoffel›. Erst 1772 beschäftigen sich die Mitglieder der Medizinischen Fakultät zu Paris mit dem Thema und erklären schließlich offiziell, dass die Kartoffel für den Menschen keinerlei Gefahr darstelle. Daraufhin bekommt Parmentier von Ludwig XVI. zwei Hektar Land in der Nähe von Paris zur Verfügung gestellt, auf denen er Kartoffeln zu Versuchszwecken anbauen soll. Um den Hof und auf diesem Weg natürlich ganz Frankreich vom Nutzen der Kartoffel zu überzeugen, schenkt Parmentier dem König ein paar Musterknollen zum Geburtstag. Aber der Argwohn ist noch lange nicht überwunden, und nun hat Parmentier eine geniale Idee: Tagsüber lässt er sein Kartoffelfeld von bewaffneten Männern bewachen, woraufhin die Pariser Bevölkerung überzeugt ist, dass die Knollen ein Vermögen wert sind. Nachts bleibt der Schatz jedoch unbewacht – also ist es ein Leichtes, die Kartoffeln zu klauen. Und dies trägt zweifelsohne zur Popularisierung der neuen Feldfrucht bei.

1781 wird Parmentier schließlich seine Doktorarbeit vorlegen: ‹Forschungen über nahrhafte Vegetabilien, die in Zeiten von Hungersnöten die üblichen Nahrungsmittel

remplacer les aliments ordinaires, avec de nouvelles observations sur la culture des pommes de terre›.

Il est vrai que les mérites d'Antoine Parmentier ne s'arrêtent pas à ses travaux sur la pomme de terre. Il s'est intéressé à bien d'autres aspects de la nutrition, à la betterave à sucre par exemple, et par ce biais aux problèmes sanitaires d'une façon générale.

Au début du XXe siècle, la ville de Montdidier a érigé un monument en l'honneur de son plus célèbre citoyen. La statue d'Antoine Parmentier se dresse tout près de l'église Saint-Pierre sur une belle place arborée. Mais sans doute le plat qui porte son nom aura beaucoup plus durablement contribué à entretenir le souvenir du grand homme.

« Et maintenant devinez ce que le Parmentier de la statue tient dans sa main droite », demande le professeur d'histoire à la fin du cours. Hm ..., je crois qu'il vaut mieux donner votre langue au chat ! Car ce n'est pas une pomme de terre. C'est indéniablement un épi de maïs ! Mais comme nous sommes ici au cours d'histoire, j'aimerais clore mon propos avec une affirmation un peu osée peut-être : l'amitié franco-allemande n'aurait jamais vu le jour sans le plaidoyer d'Antoine Parmentier pour la pomme de terre prussienne ! »

ersetzen können, sowie neue Untersuchungen über den Anbau von Kartoffeln›.

Der Gerechtigkeit halber muss man noch hinzufügen, dass die Verdienste Parmentiers sich nicht in seinen Arbeiten über die Kartoffel erschöpfen. Er hat sich auch für zahlreiche andere Aspekte der menschlichen Ernährung interessiert, etwa für die Zuckerrübe, und darüber hinaus für die Probleme der Volksgesundheit überhaupt.

Zu Beginn des 20. Jahrhunderts hat die Stadt Montdidier zu Ehren ihres berühmtesten Bürgers ein Denkmal errichten lassen. Das Standbild Antoine Parmentiers steht ganz in der Nähe der Église Saint-Pierre auf einem schönen, mit Bäumen bepflanzten Platz. Vermutlich hat jedoch das Gericht, das seinen Namen trägt, sehr viel dauerhafter dafür gesorgt, die Erinnerung an den großen Mann wachzuhalten.

«Und jetzt ratet mal, was der Denkmal-Parmentier in seiner rechten Hand hält», fragt der Geschichtslehrer am Ende der Stunde. «Nun ja, ich glaube, ihr solltet besser das Raten aufgeben. Denn es ist keine Kartoffel! Es ist ganz eindeutig ein Maiskolben! Und da wir hier in der Geschichtsstunde sind, möchte ich zum Schluss noch eine kühne Behauptung aufstellen: Die deutsch-französische Freundschaft wäre ohne Antoine Parmentiers Plädoyer für die preußische Kartoffel wohl nie zustande gekommen!»

La quiche lorraine

« Maman, qu'est-ce que tu crois que Jeanne d'Arc avait dans sa besace quand elle est partie de Domrémy pour délivrer la France des occupants anglais ? »

« Quelle drôle de question ! C'est pour ta leçon d'histoire que tu me demandes ça ? »

« Mais non maman, c'est juste une devinette. »

« Ah bon ? Mais je n'en sais rien ! »

« Une quiche lorraine, voyons ! Domrémy, le village de Jeanne d'Arc est en Lorraine ! »

Avec tout ce qui l'attend aujourd'hui, la maman du garçon n'a pas vraiment le sens de l'humour.

« Tu ferais mieux d'apprendre ta leçon d'histoire plutôt que de raconter des blagues. D'ailleurs Jeanne d'Arc était une sainte : elle n'avait pas besoin de quiche lorraine pour sauver la France des Anglais. »

« Oui, mais moi, maman, je ne suis pas un saint, et si tu ne me fais pas de quiche aujourd'hui, je n'apprendrai pas ma leçon d'histoire, na ! »

Ah quel garnement ! La maman pousse un profond soupir :

« C'est du chantage ? Bon, d'accord, tu l'auras ta quiche. Mais la prochaine fois tu réfléchiras un peu avant de raconter n'importe quoi ! De toute façon, Jeanne d'Arc n'a pas pu manger de quiche : elle est née … »

Quiche Lorraine

« Mama, was glaubst du, was hatte die Jungfrau von Orléans in ihrer Vorratstasche, als sie Domrémy verlassen hat, um Frankreich von den englischen Besatzern zu befreien? »

« Komische Frage! Willst du das für deine nächste Geschichtsstunde wissen? »

« Nein, Mama, das ist nur so ein kleines Rätsel. »

« Ach so! Ich hab keine Ahnung! »

« Also hör mal: eine Quiche Lorraine natürlich! Domrémy, das Dorf, wo Jeanne d'Arc geboren ist, befindet sich doch in Lothringen! »

Bei all den Aufgaben, die heute auf sie warten, hat die Mutter des Jungen nicht wirklich Sinn für Humor.

« Du solltest besser deine Geschichtslektion lernen, anstatt dumme Witze zu erzählen. Im Übrigen war Jeanne d'Arc eine Heilige: Sie konnte Frankreich auch ohne Quiche Lorraine vor den Engländern retten. »

« Na ja, aber ich bin kein Heiliger, Mama, und wenn du mir heute keine Quiche machst, werde ich meine Geschichtslektion eben nicht lernen, ätsch! »

So ein Frechdachs! Die Mutter seufzt.

« Das ist wohl Erpressung, was? Also gut, du bekommst sie, deine Quiche. Aber nächstes Mal denkst du ein wenig nach, bevor du Mist erzählst! Und überhaupt … Jeanne d'Arc konnte sowieso keine Quiche essen: geboren ist sie doch … »

« En 1412 ! s'écrie le garçon. »

« Bravo ! Mais attends un peu ! Si je me souviens bien, il y a quelques explications concernant la ‹ quiche › dans mon vieux livre de cuisine. Une seconde, je vais vérifier. Tu as chatouillé ma curiosité, même si ce n'est pas vraiment important. Alors voilà : je vois que la quiche lorraine est mentionnée pour la première fois en 1805, dans un livre qu'un certain J.-J. Lionnois a consacré à ‹ L'histoire de Nancy depuis la fondation jusqu'en 1788 › ».

Le garçon fronce les sourcils en écoutant le discours de sa mère qui lui paraît soudain si savante !

« Excuse-moi, maman, répond-il, mais Nancy a été fondée au XIe siècle, c'est le professeur d'histoire qui nous l'a dit. Ton Monsieur Lionnois parle de quiche en 1805, mais qui te dit qu'on n'en mangeait pas à Nancy et en Lorraine bien avant ? »

Décidément, ce petit a de la suite dans les idées, pense la maman. Il est plus attentif en classe qu'elle ne l'imaginait, et il ne dit pas que des bêtises, loin de là. Il faut qu'elle fasse attention à ce qu'elle raconte …

« O. K., tu as raison. D'ailleurs l'auteur du livre explique qu'il s'agit d'une recette très ancienne. Mais à mon tour de te soumettre une devinette : sais-tu d'où vient le mot ‹ quiche › ? Si tu ne trouves pas la réponse, tu peux poser la question à ton professeur d'allemand ! »

« Alors là j'ai un problème. Si tu m'avais suggéré d'en parler au professeur d'anglais, j'aurais dit que ça vient du mot *kitchen*, la cuisine. Logique, non ? »

«Im Jahre 1412!», ruft der Junge.

«Bravo! Aber Moment mal! Irgendetwas steht dazu in meinem alten Kochbuch unter ‹Quiche›, wenn ich mich recht erinnere. Warte, ich schlag das gleich mal nach. Du hast mich neugierig gemacht, auch wenn es wirklich nicht wichtig ist. Also hier steht, dass die Quiche Lorraine zum ersten Mal in einem 1805 veröffentlichten Buch erwähnt wird, das ein gewisser J.-J. Lionnois über die ‹Geschichte der Stadt Nancy von ihrer Gründung bis 1788› geschrieben hat.»

Der Sohn hört stirnrunzelnd dem Vortrag seiner plötzlich so gelehrten Mutter zu, dann sagt er:

«Entschuldige Mama, aber Nancy wurde im 11. Jahrhundert gegründet, das hat uns der Geschichtslehrer erzählt. Dein Monsieur Lionnois redet 1805 von der Quiche, aber wer sagt dir denn, dass man in Lothringen nicht schon lange vorher Quiche gegessen hat?»

Aha, dieses Kind hat Grips, denkt die Mutter. Es ist aufmerksamer in der Schule, als sie dachte, und erzählt keineswegs nur Blödsinn. Sie muss sich in Acht nehmen und darf nicht einfach drauflosreden …

«Okay, du hast recht. Und im Übrigen erklärt der Autor des Buches, dass es sich um ein sehr altes Rezept handelt. Aber jetzt werde ich *dir* ein Rätsel aufgeben: Weißt du, woher das Wort ‹Quiche› kommt? Wenn dir die Antwort nicht einfällt, kannst du deine Deutschlehrerin fragen!»

«Da hab ich ein Problem. Wenn du mir vorgeschlagen hättest, den Englischlehrer zu fragen, dann hätte ich gesagt, es kommt vom Wort *kitchen*, die Küche. Wär doch logisch, oder?»

« Tu es futé, mon garçon ! C'est presque ça ! Il est de la même famille que le mot allemand … »

« *Küche*, la cuisine ! »

« Désolée … il est de la même famille que le mot … *Kuchen*, le gâteau. Et au fond il s'agit bel et bien d'un gâteau, d'un gâteau salé. Autrefois c'était un repas de pauvres, un plat que fabriquaient les petits paysans avec les ingrédients qu'ils avaient toujours sous la main : un reste de pâte à pain, des œufs, un peu de lait et quelques lardons. »

« Et du gruyère bien sûr ! »

« Pas du tout ! Comment veux-tu que les paysans de Lorraine se procurent du fromage suisse ? Ce n'était pas possible à l'époque. Le fromage – et pas seulement l'emmental ou le gruyère – est venu plus tard, lorsqu'on s'est mis à utiliser de la pâte brisée à la place de la pâte à pain et de la crème au lieu du lait. Comme pour tous les plats simples, il y a toujours quelques amateurs inventifs qui ont toutes sortes d'idées pour les améliorer : jambon ou viande fumée à la place du lard, quelques cébettes, l'un ou l'autre légume, selon la saison. »

« Mmmm ! Ça me rappelle la meilleure quiche que tu aies jamais faite. C'était l'année dernière en avril, nous avions des invités et tu as ajouté des pointes d'asperges ! C'était formidable ! J'aurais voulu la manger tout seul ! »

« Mais tu es un garçon bien élevé ! réplique la maman. Et d'ailleurs tu vas faire tes devoirs maintenant et moi je me retire à la cuisine. On verra ce que

«Sehr klug, mein Junge! Du hast es fast! Es ist der gleiche Wortstamm wie das deutsche Wort …»

«Küche! Klar!»

«Tut mir leid … Es ist der gleiche Wortstamm wie … ‹Kuchen›. Und im Grunde ist es ja auch nichts anderes als ein Kuchen, ein salziger Kuchen eben. Früher war das übrigens ein Arme-Leute-Essen, ein Gericht, das die kleinen Bauern machten mit Zutaten, die immer vorrätig waren: ein Rest Brotteig, Eier, ein bisschen Milch und ein paar Speckwürfel.»

«Und Schweizer Käse natürlich!»

«Ach was! Woher sollten die Lothringer Bauern damals Schweizer Käse haben? Das war doch zu jener Zeit nicht möglich. Der Käse – übrigens nicht nur Emmentaler oder Greyerzer – kam erst später dazu, als man auch anfing, Mürbeteig anstatt Brotteig und Sahne anstatt Milch zu verwenden. Wie bei allen einfachen Gerichten gibt es immer ein paar erfinderische Feinschmecker, denen alles Mögliche einfällt, um sie zu verfeinern: Schinken oder Rauchfleisch statt Speck, ein paar Frühlingszwiebeln, das eine oder andere Gemüse, je nach Jahreszeit.»

«Mmmm! Das erinnert mich an die beste Quiche, die du je gemacht hast: Das war letztes Jahr im April, wir hatten Gäste, und du hast Spargelspitzen draufgetan! Das war toll! Ich hätte sie am liebsten ganz alleine aufgegessen!»

«Aber du bist ja ein wohlerzogener Junge!», erwidert die Mama. «Und du machst jetzt deine Hausaufgaben und ich geh in die Küche. Mal sehen, was ich

je vais pouvoir inventer aujourd'hui. D'accord, mon petit maître-chanteur? »

Et ce fut une soirée très gaie. Plus trace de mauvaise humeur : vive la quiche ! Le papa lui aussi, rentré du travail, prit plaisir à goûter la délicieuse pâtisserie de son épouse.

Le lendemain matin au petit déjeuner, celle-ci déclara qu'elle avait mal dormi – y avait-il peut-être trop de crème dans la quiche? – mais qu'elle avait profité de son insomnie pour bouquiner et chercher des informations dans des ouvrages historiques. À vrai dire elle n'avait pas trouvé de réponse à la question de savoir si Jeanne d'Arc avait ou non mangé de la quiche. En revanche, elle savait maintenant de source sûre que vers la fin du XVIe siècle, le duc de Lorraine régalait sa cour et ses invités – et se régalait surtout lui même – de quiche en très grandes quantités. Des montants astronomiques liés à la confection de ce mets auraient été consignés dans le livre des dépenses du chef de cuisine. On peut se demander, ajouta-t-elle, si cet individu était parfaitement honnête … N'a-t-il pas plutôt détourné une partie de son budget pour le faire disparaître dans sa propre poche – comme cela semble se produire fréquemment, de nos jours, dans la haute société?

dir heute für eine Quiche zaubern kann. Einverstanden, mein kleiner Erpresser?»

Es wurde ein sehr vergnügter Abend, ganz ohne Verstimmung: Quiche macht's möglich! Auch der Vater, der inzwischen von der Arbeit gekommen war, freute sich über die Backkünste seiner Frau.

Am nächsten Morgen beim Frühstück verkündete diese, dass sie zwar schlecht geschlafen habe – vielleicht war zu viel Sahne in ihrer Quiche? –, dass sie ihre Schlaflosigkeit jedoch genutzt habe, um ein paar Geschichtsbücher zu wälzen und sich kundig zu machen. Ob Jeanne d'Arc Quiche gegessen hatte, habe sie zwar nicht eruieren können, dass jedoch der Herzog von Lothringen gegen Ende des 16. Jahrhunderts seinen Hof und seine Gäste, und vor allem sich selbst unentwegt damit erfreute, wusste sie nun ganz sicher. Spuren der damit verbundenen, angeblich horrenden Ausgaben seien im Haushaltsbuch des Küchenchefs zu finden. Ob dieser Mensch, fügte sie hinzu, wohl ganz ehrlich war? Oder vielleicht doch einiges von seinem Budget für sich selbst abgezweigt hat … wie das heutzutage anscheinend häufig passiert in höheren Kreisen?

La madeleine de Proust?

Il était une fois un petit village de conte de fées, situé au cœur de la Provence, au pied d'une falaise vertigineuse. Le comte de L., qui habitait un très joli château, était un fin gourmet. Aussi, la cuisine de la maison était-elle immense et le personnel – tous des habitants du village – y travaillait sans relâche, du matin au soir et du soir au matin. Mais c'est la pâtissière que préférait le comte, car il adorait les desserts et les douceurs en tous genres. La pâtissière, quant à elle, était secrètement amoureuse du châtelain et pour s'attirer ses faveurs, elle donnait libre cours à sa créativité. C'est ainsi qu'un jour elle imagina de confectionner de délicieux petits gâteaux en forme de coquillages … L'histoire ne dit pas si le comte de L. finit par épouser sa pâtissière, mais ces petits gâteaux si moelleux et qui accompagnent si bien les desserts en tous genres ont connu une gloire sans pareille.

On se demandera bien sûr pourquoi ils furent appelés « madeleines ». Était-ce le prénom de l'inventive pâtissière? Pas du tout! C'est la falaise qui surplombe le village, la « falaise de la Madeleine », qui a donné son nom à ces petites merveilles …

Une histoire vraie? Non, elle est inventée de toutes pièces, diront ceux qui se souviennent vaguement avoir lu autrefois, à l'école, quelques extraits

Die Proust'sche Madeleine?

Es war einmal ein kleines Märchendorf mitten in der Provence, es lag am Fuß eines schwindelerregenden Felsens. Der Graf von L., der in einem sehr hübschen Schloss wohnte, war ein großer Feinschmecker. Die Küche des Hauses war riesig und das Personal – alles Bewohner des Dorfes – arbeitete da von früh bis spät und von spät bis früh. Aber ganz besonders schätzte der Graf die Zuckerbäckerin, denn er liebte die Desserts und alle möglichen Süßigkeiten. Die Zuckerbäckerin wiederum war insgeheim verliebt in den Grafen, und um seine Gunst zu erlangen, ließ sie ihrer Kreativität freien Lauf. Eines Tages erfand sie entzückende Plätzchen in Muschelform … Die Geschichte besagt nicht, ob der Graf von L. am Ende seine Zuckerbäckerin heiratete, aber diese wunderbaren Plätzchen, die so gut zu vielerlei Nachtisch passen, gelangten zu einem unvergleichlichen Ruhm.

Selbstverständlich wird man sich fragen, warum sie «Madeleines» genannt wurden. War es etwa der Vorname der erfinderischen Zuckerbäckerin? Keineswegs! Es war der das Dorf überragende Felsen, die «Falaise de la Madeleine», der diesen kleinen Wunderwerken seinen Namen gab …

Eine wahre Geschichte? Nein, sie ist frei erfunden, werden diejenigen behaupten, die sich vage daran erinnern, dass sie einst in der Schule ein paar Auszüge aus

des romans de Marcel Proust. « Proust était un monsieur très délicat, il ne supportait pas les repas trop copieux ni surtout les desserts trop lourds. Aussi, sa cuisinière lui a-t-elle confectionné des madeleines », prétendent-ils. Mais cette version de l'histoire de la madeleine est elle aussi de pure fiction ! D'ailleurs les vrais lecteurs de Proust savent que sa cuisinière ne s'appelait pas Madeleine, mais Céleste ! Cependant, c'est bel et bien chez Proust que l'on peut lire le plus vibrant hommage à ce délicieux petit gâteau :

« (...) tout d'un coup le souvenir m'est apparu. Ce goût, c'était celui du petit morceau de madeleine que le dimanche matin à Combray (parce que ce jour-là je ne sortais pas avant l'heure de la messe), quand j'allais lui dire bonjour dans sa chambre, ma tante Léonie m'offrait après l'avoir trempé dans son infusion de thé ou de tilleul. La vue de la petite madeleine ne m'avait rien rappelé avant que je n'y eusse goûté; peut-être parce que, en ayant souvent aperçu depuis, sans en manger, sur les tablettes des pâtissiers, leur image avait quitté ces jours de Combray pour se lier à d'autres plus récents; peut-être parce que, de ces souvenirs abandonnés si longtemps hors de la mémoire, rien ne survivait, tout s'était désagrégé; les formes – et celle aussi du petit coquillage de pâtisserie, si grassement sensuel sous son plissage sévère et dévot – s'étaient abolies, ou, ensommeillées, avaient perdu la force d'expansion qui leur eût permis de rejoindre la conscience. Mais, quand d'un pas-

Romanen von Marcel Proust gelesen haben. « Proust war ein äußerst empfindlicher Herr, er vertrug keine allzu üppigen Mahlzeiten und vor allem keine schweren Desserts. Und so kam es, dass ihm seine Köchin eben Madeleines buk », behaupten diese Leute. Aber auch diese Version der Geschichte ist reine Fiktion ! Übrigens wissen die echten Proust-Leser, dass die Köchin des Autors nicht Madeleine, sondern Céleste hieß ! Aber es war durchaus Proust, der die leidenschaftlichste Hommage an dieses köstliche Küchelchen schrieb :

« (...) ganz plötzlich tauchte die Erinnerung auf. Der Geschmack war der jenes Stückchens Madeleine, das mir meine Tante Leonie am Sonntagmorgen in Combray anbot (an diesem Tag verließ ich das Haus nicht vor der Messe), wenn ich ihr in ihrem Zimmer Guten Morgen wünschte; sie reichte es mir, nachdem sie es in ihren schwarzen Tee oder ihren Lindenblütentee getunkt hatte. Der Anblick der kleinen Madeleine hatte keine Erinnerung in mir wachgerufen, bevor ich davon gekostet hatte; vielleicht deshalb, weil ich dieses Gebäck oft in den Auslagen der Bäcker gesehen hatte, ohne davon zu essen, und weil sich dadurch sein Bild von jenen Tagen in Combray losgelöst und mit andren, jüngeren verbunden hatte; vielleicht auch weil von jenen so lange aus dem Gedächtnis entschwundenen Erinnerungen nichts mehr vorhanden, alles zerfallen war; die Formen – damit auch die der kleinen Gebäckmuschel, die so ungemein sinnlich wirkte unter ihren strengen, frommen Fältchen – waren vergangen, oder sie waren einfach eingeschlafen und hatten jene expansive Kraft verloren, durch die sie ins Bewusstsein hätten aufsteigen können. Aber

sé ancien rien ne subsiste, après la mort des êtres, après la destruction des choses, seules, plus frêles mais plus vivaces, plus immatérielles, plus persistantes, plus fidèles, l'odeur et la saveur restent encore longtemps, comme des âmes, à se rappeler, à attendre, à espérer, sur la ruine de tout le reste, à porter sans fléchir, sur leur gouttelette presque impalpable, l'édifice immense du souvenir. »

Et c'est peut-être à cette page du premier roman de l'auteur, ‹Du côté de chez Swann› (publié en 1913, et qui sera suivi par les autres volumes de la célèbre ‹Recherche du temps perdu›) qui n'est pas tant un hommage au petit gâteau trempé dans du thé qu'à tous ces petits détails de notre vie qui font revivre les souvenirs, que la madeleine doit de n'avoir pas été oubliée.

Mais revenons une fois encore à l'histoire – la vraie? – de cette petite gourmandise que tous les Français connaissent, soit pour en avoir mangé à la cantine de l'école, soit parce que leur tante ou leur grand-mère leur en donnait pour leur goûter. Une chose semble bien certaine: c'est au XVIIIe siècle, en Lorraine, que notre petite merveille vit le jour. Le roi Stanislas de Pologne qui était aussi duc de Lorraine aimait venir en villégiature au château de Commercy – à l'époque, seule la haute noblesse possédait des résidences secondaires ! – où il recevait très souvent des invités de marque. Voltaire et Madame du Châtelet par exemple. L'histoire ne pré-

wenn von einer weit zurückliegenden Vergangenheit nichts mehr übrig bleibt nach dem Tod der Menschen und dem Untergang der Dinge, dann überdauern als Einzige – zarter, aber lebhafter, wesenhafter, beständiger und treuer – der Geruch und der Geschmack, um sich wie Seelen zu erinnern, zu warten, auf den Trümmern alles Übrigen zu hoffen, um auf ihrem beinahe ungreifbaren Tröpfchen beharrlich das riesige Gebäude der Erinnerung zu tragen.»

Vielleicht hat es die Madeleine gerade dieser Passage aus dem ersten, 1913 veröffentlichten Roman des Autors, ‹Aus Swanns Welt› – dem dann die weiteren Bände der berühmten ‹Suche nach der verlorenen Zeit› folgen sollten – zu verdanken, dass sie nicht in Vergessenheit geriet; eigentlich handelt es sich nicht so sehr um eine Hommage an den winzigen Kuchen, der in den Tee getunkt wird, als um eine Huldigung an all jene Kleinigkeiten in unserem Leben, die die Erinnerung wachrufen.

Aber kommen wir noch einmal auf die – wahre? – Geschichte jener kleinen Köstlichkeit zurück, die alle Franzosen kennen, entweder weil sie sie in der Schulkantine essen durften, oder weil ihre Tante oder ihre Großmutter sie ihnen zum Nachmittagskakao servierten. Eines scheint ganz sicher: Das kleine Wunder entstand im 18. Jahrhundert in Lothringen. König Stanislaus von Polen, der auch Herzog von Lothringen war, fuhr gern in die Sommerfrische in sein Schloss in Commercy – damals besaß nur der Hochadel Zweitwohnsitze! –, wo er häufig bedeutende Gäste empfing. Voltaire und Madame du Châtelet zum Beispiel. Es ist unklar, ob die beiden an jenem Tag anwesend waren, als der Pâ-

cise pas s'ils étaient présents le jour où, à la suite d'une dispute plus véhémente qu'à l'ordinaire avec ses collègues en cuisine, le pâtissier quitta le château sans crier gare. Un repas sans dessert? Quelle honte! Le fidèle majordome souffla à l'oreille du roi qu'il mettrait tout en œuvre pour éviter la catastrophe. La pause fut un peu longue après les fromages, mais Stanislas réussit à organiser des divertissements ... En attendant, le personnel faisait des miracles aux fourneaux! Et voilà qu'arrive un énorme plateau de petits gâteaux d'une forme inédite: des coquillages dorés, fondants, au ventre rebondi et dégageant un subtil parfum de bergamote. Les hôtes sont subjugués, Stanislas est ravi et veut savoir qui est l'auteur de ce prodige. Le majordome vient alors lui présenter une petite servante toute timide, rose de confusion.

«Quel est le nom de ce chef-d'œuvre?» lui demande-t-il.

«Je ne sais pas, Sire; je ne sais pas comment ça s'appelle, je crois bien que ça n'a pas de nom. C'est ce qu'on fait à Commercy, les jours de fête.»

«Et toi, comment t'appelles-tu?»

«Madeleine, Sire.»

«Eh bien ce gâteau portera ton nom: Madeleine de Commercy!»

Là encore, les sources sont incertaines. Mais l'histoire dit qu'après la Révolution, l'un des anciens pâtissiers du roi Stanislas ouvre une boutique à Commercy et se lance dans la fabrication de madeleines à grande échelle. Le succès ne se fait pas attendre,

tissier nach einem besonders heftigen Streit mit seinen Kollegen das Haus Hals über Kopf verließ. Ein Dîner ohne Dessert? Welche Schande! Der treue Haushofmeister flüsterte dem König ins Ohr, dass er alles in Bewegung setzen werde, um das Debakel zu vermeiden. Nach dem Käse kam es zu einer etwas langen Pause, aber Stanislaus sorgte für Unterhaltung ... Währenddessen wurden in der Küche Wunder vollbracht! Und siehe da, eine riesige Platte mit Plätzchen von völlig ungewohnter Form taucht auf: goldgelbe, zarte, bauchige Muscheln, denen ein exquisiter Bergamotte-Duft entströmt. Die Gäste sind überwältigt, Stanislaus ist entzückt und will wissen, wer das Zauberwerk zuwege gebracht hat. Der Haushofmeister stellt ihm eine kleine, schüchterne Magd vor, deren Wangen vor Aufregung gerötet sind.

«Wie nennt sich denn dieses Meisterstück?», will er von ihr wissen.

«Ich weiß es nicht, Sire; ich weiß nicht, wie es heißt, ich glaube, es hat gar keinen Namen. So was macht man an Festtagen hier in Commercy.»

«Und du? Wie heißt du?»

«Madeleine, Sire.»

«Gut, dann wird diese Süßigkeit fortan deinen Namen tragen, Madeleine de Commercy!»

Auch hier sind die Quellen unsicher. Aber es heißt, dass einer der Zuckerbäcker von König Stanislaus nach der Revolution in Commercy ein eigenes Geschäft eröffnete und mit der Herstellung von Madeleines in größerem Stil begann. Der Erfolg ließ nicht lange auf sich

et au XIXe siècle, la recette n'est plus un secret de famille : les « madeleiniers » sont de plus en plus nombreux, et avec eux les mangeurs de madeleines. Mais c'est avant tout l'avènement du chemin de fer et l'ouverture de la ligne Paris-Strasbourg qui contribuera à la notoriété de cette douceur : un arrêté préfectoral autorise désormais la vente de madeleines sur les quais de la gare de Commercy. Et les voyageurs ne tarderont pas à s'arracher ces gâteaux, d'autant plus qu'à l'époque le trajet est long et que le wagon-restaurant n'est pas à la portée de toutes les bourses. Est-ce la fabrication industrielle de la madeleine ou tout simplement la vente de sandwichs et de coca-cola dans les trains qui fera que dans la seconde moitié du XXe siècle cette tradition périclitera et finira par se perdre entièrement ? C'est bien dommage !

warten, und im 19. Jahrhundert war das Rezept kein Familiengeheimnis mehr. Die Madeleine-Bäcker und somit auch die Madeleine-Esser wurden immer zahlreicher. Vor allem aber das Aufkommen der Eisenbahn und die Eröffnung der Strecke Paris-Straßburg trugen zum Renommee des Naschwerks bei: Ein Erlass des zuständigen Präfekten erlaubte fortan den Verkauf von Madeleines auf den Bahnsteigen von Commercy. Und die Reisenden rissen sich um die kleinen Kuchen, zumal die Reise lang dauerte und der Speisewagen nicht für jeden Geldbeutel erschwinglich war. Lag es daran, dass die Madeleines bald schon industriell hergestellt wurden, oder einfach daran, dass in den Zügen Sandwiches und Coca-Cola verkauft wurden, jedenfalls bröckelte diese Tradition in der zweiten Hälfte des 20. Jahrhunderts und ging dann ganz verloren. Schade ist es allemal.

Le foie gras de Strasbourg

C'est dans les cuisines de l'ancien château de l'Île-Jars, dans l'actuelle résidence du consul général d'Allemagne délégué auprès de Conseil de l'Europe à Strasbourg, qu'est né en 1780 le fameux « foie gras de Strasbourg », ce met divin dont Brillat-Savarin, grand connaisseur en la matière, disait : « Au moment de son apparition à table, il fait cesser toutes les conversations par la plénitude des cœurs (...) et se succéder tour à tour sur toutes les physionomies le feu du désir, l'extase de la jouissance, le repos parfait de la béatitude. » Le Maréchal de Contades a été gouverneur militaire en Alsace de 1762 à 1788. Il était un fin gourmet et un amphitryon célèbre, et il semble bien qu'à cette époque déjà, la politique passait souvent par les plaisirs de bouche. C'est en tout cas le cuisinier du Maréchal, Jean-Pierre Clause, qui a inventé – créé, dirions-nous aujourd'hui – le foie gras.

Ce n'est pas lui pourtant qui un jour a eu l'idée de gaver les oies. Il est attesté que les Égyptiens déjà, puis les Romains un siècle avant Jésus-Christ, se livraient à cette pratique. Et ce n'étaient pas des graines de maïs qu'ils faisaient ingurgiter à ces volailles goulues, comme c'est actuellement l'usage en Alsace et ailleurs, mais des figues.

Die Straßburger Gänseleberpastete

Erfunden wurde die berühmte Straßburger Gänseleberpastete im Jahre 1780 in der Küche des ehemaligen Château de l'Île-Jars, der heutigen Residenz des deutschen Generalkonsuls und Attachés der Bundesrepublik beim Europarat in Straßburg; diese himmlische Pastete, von der Brillat-Savarin – ausweislich Kenner der Materie – erzählt, sie habe «im Augenblick des Auftragens sämtliche Unterhaltungen verstummen lassen, denn nun quollen die Herzen über (...) und auf allen Gesichtern leuchteten nacheinander das Feuer des Begehrens, die Ekstase der Wollust und die vollkommene Ruhe der Glückseligkeit auf». Der Marschall de Contades war von 1762 bis 1788 Militärgouverneur im Elsass. Er war ein notorischer Gourmet und ein berühmter Gastgeber, und es scheint, dass Politik auch damals schon häufig auf dem Umweg über das Schlemmen betrieben wurde. Jedenfalls war der Urheber dieser Kreation, wie wir es heute nennen würden, ein gewisser Jean-Pierre Clause, der Koch des Marschalls.

Man muss jedoch wissen, dass nicht besagter Jean-Pierre Clause das Stopfen der Gänse erfunden hat. Erwiesen ist, dass bereits die alten Ägypter und später, im ersten Jahrhundert vor Christi Geburt, die Römer dies praktizierten. Allerdings wurden den gefräßigen Tieren nicht Maiskörner wie heutzutage im Elsass und überall sonst, wo Geflügel gestopft wird, eingetrichtert, sondern Feigen.

Si l'art ou la pratique du gavage s'est par la suite étendu à toute l'Europe, les prescriptions alimentaires des Juifs croyants y étaient pour beaucoup : on ne connaissait pas encore le beurre, l'olivier et son huile n'étaient implantés que dans les pays méditerranéens ; ailleurs l'huile provenait des noix mais restait toujours un produit de luxe. La matière grasse que l'on utilisait le plus souvent venait du porc, un animal considéré comme impur par les Juifs. Il n'est donc pas étonnant que dans des régions comme l'Alsace, ils aient engraissé les oies (et probablement aussi les canards), non pas tant pour leur chair ni pour leur foie, mais pour leur graisse. Les communautés juives alsaciennes ayant pris de plus en plus d'ampleur au fil des siècles, le gavage des oies a dans ces contrées une tradition plus fortement enracinée que dans les autres régions de France. Selon certains historiens, c'est au XVIIIe siècle seulement que le secret du gavage est passé des Juifs aux goyim, et il est à peu près sûr qu'en France la consommation des foies d'oies gavées ne s'est répandue que dans les dernières décennies du XVIIIe siècle. Jean-Pierre Clause n'était pas le premier à avoir découvert son goût particulièrement fin, mais lorsqu'il fit ses premiers essais dans les cuisines du château de l'Île-Jars, les connaisseurs étaient encore très rares. Sa création, qu'il appela le « pâté à la Contades » en hommage à son patron, acquit plus tard une réputation mondiale sous le nom de « pâté de foie gras de Strasbourg ». Contrairement à l'actuel « foie gras » – qu'il soit d'Alsace ou d'ail-

Dass die Kunst oder der Brauch des Gänsestopfens sich später auf ganz Europa ausgedehnt hat, scheint hauptsächlich mit den Speisevorschriften der gläubigen Juden in Verbindung zu stehen: Butter war noch unbekannt, der Ölbaum nur im Mittelmeerraum angesiedelt, und andernorts wurde Öl aus Walnüssen gewonnen, jedenfalls blieb es ein Luxusprodukt. Das am häufigsten verwendete Fett stammte damals vom Schwein, einem für die Juden unreinen Tier. Also lag es auf der Hand, dass sie in Gegenden wie dem Elsass Gänse (und vermutlich auch Enten) nicht so sehr des Fleisches und schon gar nicht der Leber wegen, sondern des Fettes wegen mästeten. Da die jüdischen Gemeinden des Elsass im Lauf der Jahrhunderte immer größer wurden, ist hier das Mästen von Gänsen mehr als in anderen Gegenden Frankreichs eine fest verankerte Tradition. Historiker behaupten, dass das Geheimnis des Stopfens erst im 18. Jahrhundert von den Juden an die Gojim weitergegeben wurde, und es ist ziemlich sicher, dass in Frankreich die Leber der gestopften Gans erst in den letzten Jahrzehnten des 18. Jahrhunderts zum Verzehr verwendet wurde. Jean-Pierre Clause war zwar nicht der Erste, der ihren besonders zarten Geschmack erkannte, aber als er seine ersten kulinarischen Versuche in den Küchen des Château de l'Île-Jars anstellte, waren die Kenner noch sehr selten. Seine Kreation, die er seinem Arbeitgeber zu Ehren «Pâté à la Contades» nannte, wurde später unter dem Namen «pâté de foie gras de Strasbourg», Straßburger Gänseleberpastete, weltberühmt. Anders als die heutigen «Foies gras» – ob sie nun aus dem Elsass oder sonst woher stammen – wa-

leurs – les pâtés de Jean-Pierre Clause étaient entourés d'une farce de veau et roulés dans une pâte.

Selon la légende, Clause aurait, peu après sa découverte, reçu la visite d'un talentueux collègue du Sud-Ouest de la France; celui-ci lui aurait suggéré la brillante idée de rehausser le goût délicat de ce mets exquis par l'arôme divin des truffes du Périgord. Cette version de la fabuleuse histoire du foie gras a toujours cours, en Alsace et ailleurs. Elle a le mérite de calmer les esprits lorsqu'après un repas bien arrosé, les adeptes du foie gras d'Alsace et ceux du foie gras du Périgord se lancent dans des discussions passionnées pour défendre « leur » foie gras. Mais les historiens alsaciens de la gastronomie ont de bonnes raisons d'en douter. Car il est avéré de nos jours que la truffe noire, dite « du Périgord », se rencontrait jadis en quantités respectables en Alsace, surtout dans les Vosges du Nord. (Que ceux qui auraient des doutes à ce sujet se souviennent qu'au cours de l'hiver 2012/2013, la presse annonçait qu'en Forêt-Noire on venait de récolter d'excellentes truffes !) Mais on sait que François-Joseph de Klinglin – nommé prêteur royal à Strasbourg par Louis XV en 1725 – préférait de loin celles qui poussaient dans les forêts du Ried (les marais du bord du Rhin) au sud de Strasbourg. Ce gourmet célèbre affirmait qu'elles étaient les plus parfumées et, de surcroît, les plus rares. Il s'était même offert le luxe d'embaucher un « chasseur de truffes », un domestique qui n'avait d'autre emploi que de veil-

ren die Pasteten von Jean-Pierre Clause mit einer Kalbfleischfarce umhüllt und in einen Teigmantel gepackt.

Der Legende zufolge hat Clause bald nach seiner Entdeckung den Besuch eines begabten Kollegen aus dem Südwesten Frankreichs bekommen, der ihm den grandiosen Vorschlag machte, den zarten Geschmack der köstlichen Speise noch mit dem himmlischen Aroma der Périgord-Trüffel zu verfeinern. In dieser Version kursiert die wundersame Geschichte der getrüffelten Gänseleberpastete bis heute im Elsass und anderswo. Sie hat den Vorzug, dass sie stets die Gemüter besänftigt, wenn nach einem Essen, bei dem der Wein sehr üppig floss, die Anhänger der elsässischen Foie gras und die der Foie gras aus dem Périgord sich in leidenschaftliche Streitgespäche verstricken, um jeweils «ihre» Gänseleberpastete zu verteidigen. Aber die elsässischen Gastronomiehistoriker haben gute Gründe, an dieser Version zu zweifeln. Denn man weiß mittlerweile, dass der schwarze, sogenannte Périgord-Trüffel (*tuber melanosporum*) einst in beachtlichen Mengen im Elsass vorkam, vor allem in den Nordvogesen. (Wer dies bezweifelt, bedenke, dass im Winter 2012/2013 verkündet wurde, es gebe nun auch im Schwarzwald exzellente Trüffeln.) Man weiß aber auch, dass François-Joseph von Klinglin, der 1725 von Ludwig XV. zum Königlichen Prätor in Straßburg ernannt wurde, die Knollen aus den Riedwäldern südlich von Straßburg bevorzugte. Der berühmte Gourmet behauptete, sie seien die aromatischsten und darüber hinaus auch die seltensten. Er leistete sich sogar einen «Trüffeljäger», einen Bediensteten, der keine andere Aufgabe

ler à ce que dans sa cuisine il y ait toujours en réserve les meilleures truffes d'Alsace. Ces quelques considérations historiques ont le mérite de prouver que personne ne peut disputer à Jean-Pierre Clause l'exclusivité de sa création – n'en déplaise aux amis périgourdins !

Mais l'histoire n'est pas terminée. Lorsque le Maréchal de Contades a été rappelé à Paris en 1788, il a bien sûr tenté de persuader son génial cuisinier de le suivre. Mais « fatigué de servir un grand seigneur, prévoyant peut-être que les grands seigneurs allaient bientôt finir, aspirant à l'indépendance et amoureux par-dessus le marché » (Charles Gérard, ‹ L'Ancienne Alsace à table ›, 1862), celui-ci a décidé de rester à Strasbourg et d'épouser sa bien-aimée, veuve d'un pâtissier. Avec elle il s'est alors installé rue de la Mésange et a continué d'y fabriquer du foie gras. Le fameux pâté à la Contades a alors changé de nom (la Révolution française y est peut-être pour quelque chose aussi !) pour devenir le « pâté de foie gras de Strasbourg ». Le succès est énorme et bientôt la concurrence se fait sentir. Parmi les fabricants de foie gras qui se sont installés à Strasbourg par la suite, il en est un dont la marque est célèbre jusqu'à nos jours – et dont le magasin se trouve toujours … rue de la Mésange !

Il est intéressant de noter que l'Alsace n'est pas tombée dans le piège de la production industrielle – qui suscite à juste titre les critiques violentes des protecteurs des animaux. Depuis les dernières décennies

hatte, als die Küche des Hauses stets mit den besten elsässischen Trüffeln zu versorgen. Diese historischen Randbemerkungen beweisen immerhin, dass dem guten Jean-Pierre Clause seine Erfindung voll und ganz zuzuschreiben ist – kein Kollege aus dem Périgord hat ihm dreingeredet!

Aber die Geschichte ist noch nicht zu Ende. Als Contades 1788 nach Paris zurückberufen wurde, wollte er natürlich seinen genialen Koch dazu bewegen, ihm zu folgen. Aber Clause «war es leid, einem großen Herrn zu dienen; vielleicht ahnte er voraus, dass die Zeit der großen Herren bald vorüber sein würde; und da er im Übrigen nach Unabhängigkeit strebte und obendrein auch noch verliebt war», beschloss er, in Straßburg zu bleiben und seine Auserwählte, eine Konditorswitwe, zu heiraten (Charles Gérard, ‹L'Ancienne Alsace à table›, 1862). Gemeinsam ließen sie sich in der Meisengasse nieder, und er stellte weiterhin Foie gras her. Es kam zu einer Umbenennung (vielleicht ist die Französische Revolution auch dafür verantwortlich) und aus der berühmten «Pâté à la Contades» wurde fortan «Straßburger Gänseleberpastete». Die Produktion war so erfolgreich, dass sich bald Nachahmer fanden. Unter den Herstellern, die sich in den Folgejahren in Straßburg niederließen, gibt es einen, dessen Marke bis heute bekannt ist und dessen Geschäft sich noch immer … in der Meisengasse befindet!

Zu vermerken ist, dass das Elsass nicht in die Falle der industriellen Produktion geraten ist – die zu Recht die heftige Kritik der Tierschützer auf sich zieht. Seit den letzten Jahrzehnten des 20. Jahrhunderts haben sich

du XXe siècle, de jeunes producteurs courageux se sont souvenus que l'une des devises alsaciennes pouvait s'appliquer aussi au gavage des oies et des canards et à la production de foie gras : « Peu, mais du meilleur ! ». À la différence des éleveurs du Sud-Ouest, ils ne gavent pas leurs volailles au maïs blanc, mais au maïs jaune, – ce qu'un connaisseur reconnaît à la couleur des foies. Par ailleurs, les volailles sont toujours élevées en plein air et gardent leur liberté de mouvement jusqu'à la phase de gavage, qui dure dix-huit à dix-neuf jours pour les canards et vingt-deux à vingt-cinq jours pour les oies, alors que dans les autres régions productrices ce temps est réduit d'un quart et les quantités de maïs que l'on ingurgite aux animaux sont nettement plus élevées.

Rappelons pour finir, notamment à l'adresse des détracteurs du gavage, qu'à l'origine les oies et les canards sont des oiseaux migrateurs qui, deux fois par an, se gavent eux-même afin de surmonter les difficultés du grand voyage. La très ancienne tradition du gavage, sans laquelle les Alsaciens et les gourmets du monde entier seraient privés de l'un de leurs mets préférés, est très certainement née de l'observation de ce phénomène.

mutige junge Geflügelzüchter daran erinnert, dass ein beliebtes elsässisches Motto auch für das Mästen von Gänsen und Enten und für die Foie-gras-Produktion überhaupt gelten kann: «Wenig, aber vom Besten!» Anders als die Züchter aus dem Südwesten Frankreichs stopfen sie die Tiere nicht mit weißem, sondern mit gelbem Mais – daher der für die Kenner sichtbare Farbunterschied. Außerdem werden ihre Tiere stets im Freien gehalten und sie genießen ihre Bewegungsfreiheit bis hin zur Stopfphase, die für die Enten achtzehn bis neunzehn Tage, für die Gänse zweiundzwanzig bis fünfundzwanzig Tage dauert, wohingegen in anderen Regionen diese Phasen um ein Viertel kürzer sind und die eingeflößten Maismengen entsprechend höher.

Abschließend sollte noch erwähnt werden, vor allem für die Gegner des Stopfens, dass Gänse und Enten ursprünglich Zugvögel sind, die sich zweimal im Jahr selbst mästen, um die Strapazen der großen Reise zu überstehen. Die uralte Tradition des Mästens, ohne die die Elsässer und die Gourmets der ganzen Welt auf eines ihrer Lieblingsgerichte verzichten müssten, beruht ganz sicherlich auf der Beobachtung dieses Phänomens.

Cancoillotte ou cramaillotte?

Une amie vous rend visite à l'improviste. Elle rentre d'une excursion en Franche-Comté et annonce qu'elle vous a rapporté un petit souvenir gourmand.

« Devine ce que c'est ! » vous dit-elle d'un air mystérieux.

Un souvenir de Franche-Comté? Dans votre tête vous faites un rapide tour d'horizon; les cours de géographie aideront peu, et d'ailleurs ils sont loin. Voyons, la Franche-Comté? Oui … quatre départements. Le Territoire de Belfort, la Haute-Saône, le Doubs, le Jura … Un souvenir gourmand?

« J'ai deviné, dites-vous. L'or du Jura ! Une bouteille de ‹vin jaune›, un Château Chalon peut-être ! »

« Eh bien non, c'est raté », vous répond votre amie.

Quel dommage, vous dites-vous en essayant de dissimuler votre déception, car vous adorez ce vin puissant, capiteux, issu du cépage savagnin, qui cache sa légère amertume et ses arômes de noix sous un bouquet presque baroque.

« Allons, je vais t'aider: ça commence par un C. »

Évidemment ! Comment n'y avoir pas pensé tout de suite? Tous vos amis savent que vous êtes une grande amatrice de fromage. Alors c'est sûrement de la cancoillotte fraîche, de celle qu'on ne trouve que chez les fermiers de Franche-Comté, pas celle des

Cancoillotte oder Cramaillotte?

Eine Freundin besucht Sie, ohne sich vorher anzukündigen. Sie kommt gerade von einem Ausflug in die Franche-Comté zurück und erklärt, sie habe Ihnen ein kleines leckeres Souvenir mitgebracht.

« Rate mal, was es ist ! », sagt sie mit geheimnisvoller Miene.

Ein Souvenir aus der Franche-Comté? Im Kopf versuchen Sie nun, die Region zu orten; die Erinnerungen an den Erdkundeunterricht werden Ihnen kaum helfen, außerdem liegt der weit zurück. Die Franche-Comté? Ja doch … vier Departements. Das « Territoire de Belfort », die « Haute-Saône », « Doubs » und « Jura » … Ein leckeres Mitbringsel?

« Ich hab's erraten », sagen Sie. « Es ist das ‹ Gold des Jura ›. Eine Flasche ‹ Vin Jaune ›, vielleicht ein Château Chalon ? »

« Falsch », antwortet die Freundin.

Wie schade, denken Sie und versuchen, Ihre Enttäuschung zu verbergen, denn Sie lieben diesen kräftigen, schweren Wein aus der Savagnin-Traube, der seine leichte Bitterkeit und sein Nuss-Aroma hinter einem nahezu barocken Bouquet verbirgt.

« Gut, ich werde dir helfen : Es fängt mit C an. »

Ja klar ! Warum haben Sie da nicht gleich daran gedacht? Alle Ihre Freunde wissen, dass Sie eine große Liebhaberin von Käse sind. Also handelt es sich wohl um frische « Cancoillotte », die man nur bei den Bauern der Franche-Comté findet, nicht die aus dem Su-

supermarchés. Hmm … quel bonheur ! Ce fromage onctueux à base de lait de vache caillé est un pur délice. Plus encore si on l'accompagne d'un très bon et très vieux … vin jaune.

Votre amie secoue la tête. Encore raté !

« Alors je donne ma langue au chat ! »

Et la voilà qui extirpe de son sac un petit paquet joliment emballé et vous le tend.

Vous êtes curieuse comme une gamine après le passage du père Noël et vous déballez ce qui au toucher ressemble bien à un petit pot de miel ou de confiture. Vous découvrez un ravissant bocal de cramaillotte, cette gelée dorée qui vous rappelle des jours de grand soleil.

La cramaillotte, ou miel de pissenlit ! Eh bien non, contrairement à ce que pensent la plupart des gens, et en particulier ceux qui n'ont jamais mis les pieds en Franche-Comté, le pissenlit n'est pas cette vulgaire mauvaise herbe dont le commun des mortels croit … qu'elle fait faire « pipi au lit ». Il y a déjà pas mal de temps que d'éminents cuisiniers se sont intéressés à la « salade aux cramaillots », qui méritait de n'être pas seulement connue pour ses vertus diurétiques ou pour l'aspect décoratif de ses fleurs jaunes et ébouriffées.

La cramaillotte quant à elle est une délcieuse gelée, précisément de fleurs de pissenlit. Une promenade en famille ou entre amis par une belle après-midi de printemps est propice à la récolte. Comptez environ cinq cents fleurs pour un kilo de sucre, et ne

permarkt. Mmm! Eine Wonne! Dieser cremige Frischkäse aus Dickmilch ist himmlisch. Vor allem dann, wenn man dazu einen sehr guten und sehr alten … Vin Jaune trinkt.

Ihre Freundin schüttelt den Kopf. Wieder falsch.

«Dann geb ich das Raten auf!»

Und nun kramt sie also ein hübsches Päckchen aus der Handtasche und hält es Ihnen hin.

Sie sind neugierig wie ein kleines Mädchen, wenn der Weihnachtsmann vorbeikommt; aufgeregt packen Sie den Gegenstand aus, der sich wie ein Glas Honig oder Marmelade anfühlt. Und Sie entdecken ein hübsches Glas «Cramaillotte», jenes goldene Gelee, das Sie sofort an schönste Sonnentage erinnert.

«Cramaillotte» oder «Löwenzahnhonig»! Oh nein! Im Gegensatz zu dem, was die meisten Leute denken, insbesondere diejenigen, die noch nie einen Fuß in die Franche-Comté gesetzt haben, ist der Löwenzahn (in Baden-Württemberg auch «Bettseicherle» genannt) nicht jenes ordinäre Unkraut, das angeblich dazu animiert, ins Bett zu pinkeln! Nein, schon vor langer Zeit haben sich große Köche für den «Cramaillot-Salat» interessiert, der es durchaus verdient, nicht nur als Diuretikum bekannt zu sein oder, weil die gelben, zerzausten Löwenzahnblüten so dekorativ wirken.

Die «Cramaillotte» ist ein wunderbares Gelee: ja doch, aus Löwenzahnblüten. Ein Spaziergang mit der Familie oder mit Freunden an einem schönen Nachmittag im Frühling ist förderlich für die Ernte. Man braucht etwa fünfhundert Blüten auf ein Kilo Zucker, und es ist natürlich besser, wenn

les ramassez pas, autant que possible, au bord d'une route ou d'un champ trop bien « traité » !

Que ceux qui ne croient pas que cette « vulgaire fleur des champs » peut produire des merveilles écoutent ici Robert de Montesquiou-Fézensac, le dandy, homme de lettres et de salons, immortalisé par Marcel Proust et Joris-Karl Huysmans, qui n'hésita pas à chanter les louanges du pissenlit :

Sachez bien que le pissenlit
N'est pas une fleur ordinaire
Il n'a pas d'esprit vulgaire …
Malgré tout ce que l'on dit
Il est doué d'un caractère
Qui sait assurer son crédit
Et l'établir sur la terre

Connaissait-il le mot « cramaillot » ? Un ami lui avait-il un jour apporté un petit bocal de notre cramaillotte, ou « miel de pissenlit » ?

man die nicht am Straßenrand oder in der Nähe eines allzu stark gedüngten und mit Gift behandelten Feldes pflückt.

Mögen diejenigen, die einfach nicht glauben wollen, dass diese «hundsgemeine Wiesenblume» Wunder wirken kann, auf den Dichter, Dandy und Salonlöwen Robert Montesquiou de Fézensac – den Marcel Proust und Joris-Karl Huysmans verewigt haben – hören, der sich nicht scheute, ein Loblied auf den Löwenzahn zu singen:

Löwenzahn, das müssen Sie wissen
Ist keine gewöhnliche Blume
Er ist keineswegs ordinär ...
Trotz allem, was man ihm nachsagt
Verfügt er über einen Charakter
Der ihn glaubhaft macht
Und ihm Existenzberechtigung verschafft.

Ob Montesquiou wohl das Wort «Cramaillot» kannte? Hatte ihm ein Freund eines Tages ein Gläschen «Cramaillotte», oder «Löwenzahnhonig» geschenkt?

La France et ses innombrables variétés de fromages

Imaginons un instant la scène suivante : un jeune cadre arrive en retard au bureau et semble très stressé. Il raconte à ses collègues qu'il a pris du retard parce qu'il est allé au marché, mais dans la précipitation il a oublié d'acheter du foie de volaille pour son chat et du munster pour sa femme. Et bien entendu, il sait d'avance que son épouse lui fera une scène quand il rentrera. « N'en fais donc pas tout un fromage ! » lui conseillent alors ses collègues pour essayer de le calmer – mais le conseil vaut indirectement pour sa femme aussi ! Il faut éviter de « faire tout un fromage » d'un incident sans importance. Le fromage est donc tout le contraire d'une chose banale ou insignifiante.

Jetons un coup d'œil en Allemagne. « O quel fromage ! », ou encore : « Ne raconte pas un tel fromage ! » disent les Allemands et cela signifie : « C'est complètement idiot ! » ou : « Ne raconte pas de bêtises ! » Apparemment nos voisins allemands ont donc une toute autre conception du fromage. Pour eux, il y a un monde entre un fromage et un drame. Le fromage est quelque chose qu'on ne prend pas au sérieux, ou qui ne vaut pas la peine d'être pris au sérieux.

En définitive on peut se demander s'il ne faut pas voir là, dans le simple mot « fromage », l'une des entraves majeures à l'entente franco-allemande. Comment par-

Frankreich und seine unzähligen Käsesorten

Stellen wir uns einen Augenblick folgende Szene vor: Ein junger leitender Angestellter kommt zu spät ins Büro und wirkt gestresst. Seinen Kollegen erzählt er, dass er sich verspätet hat, weil er auf dem Markt war, in der Eile aber vergessen hat, Geflügelleber für die Katze und Münsterkäse für seine Frau zu kaufen. Natürlich weiß er im Voraus, dass seine Frau ihm eine Szene machen wird, wenn er nach Hause kommt. « Mach doch nicht einen ganzen Käse draus », raten ihm die Kollegen um ihn zu beruhigen, und meinen damit: « Mach doch kein solches Drama daraus », wobei dieser Rat an die Ehefrau gleich mitadressiert ist. Aus etwas Unwichtigem soll man nicht « einen ganzen Käse machen », also ist Käse das Gegenteil von etwas Banalem, Unbedeutendem.

Schauen wir nach Deutschland. Geläufig ist hier der Ausspruch « Ach, das ist doch Käse ! » oder auch « Ach red doch nicht einen solchen Käse ! » Und stets ist gemeint: « Das stimmt doch nicht » ! oder « Red doch kein dummes Zeug ! » Also sehen unsere deutschen Nachbarn im Käse anscheinend etwas ganz anderes: Für sie liegen zwischen einem Käse und einem Drama Welten. Käse ist etwas, was man einfach nicht ernst nimmt, nicht ernst zu nehmen braucht.

Ist das Wort am Ende eine entscheidende Hürde für die deutsch-französische Verständigung? Wie soll man da, auch nach sechzig Jahren der gemeinsamen Bemühun-

venir, même après plus de soixante ans d'efforts communs, à allier deux conceptions aussi radicalement opposées? « Quel fromage ! » rétorquerait le sociologue ou le linguiste allemand, alors que son collègue français suggèrerait de ne pas en faire « tout un fromage » !

« Comment voulez-vous gouverner un pays qui a plus de trois cent cinquante fromages différents? » aurait dit un jour le général de Gaulle, confronté au caractère râleur des Français. Un fromage différent par jour de l'année !

Comment mettre de l'ordre dans toute cette masse, si ce n'est en tentant de classer les fromages français par familles : lait de vache, de brebis ou de chèvre. Mais le lait n'est pas le seul critère. Les connaisseurs les différencient aussi en fonction de leur fermeté : pâtes molles ou dures, pâtes pressées, cuites ou non cuites. À ce propos, on se souvient des mouvements de protestation des producteurs et des consommateurs de fromage en France, lorsque l'administration européenne tenta d'interdire la vente ou du moins l'exportation des fromages « au lait cru ». On imagine le tollé en Allemagne si Bruxelles interdisait la vente de bière sous prétexte que la législation allemande dans ce domaine – le fameux « décret de pureté » – ne correspond pas à la législation européenne !

Mais revenons au fromage. Les spécialistes en la matière ne s'intéressent pas seulement à sa consistance. Si l'état premier est toujours le « caillé », tout l'art du fromager consiste à jouer avec la teneur en humidité : le fromage sera onc-

gen, auf einen Nenner kommen? « Ach, so ein Käse ! », würde ein deutscher Soziologe oder Linguist zu der Frage sagen, und seine französischen Kollegen würden darum bitten, aus dem Käse nicht « einen ganzen Käse » zu machen.

« Wie kann man denn ein Land regieren, in dem es mehr als dreihundertfünfzig verschiedene Käsesorten gibt? », soll einmal General de Gaulle gesagt haben, der zuweilen mit dem aufmüpfigen Wesen der Franzosen konfrontiert war. So viele Käsesorten wie Tage im Jahr !

Wie sollte man anders Ordnung in diese Riesenmenge reinbekommen als durch eine Klassifizierung nach Gruppen : Kuh-, Schaf- oder Ziegenmilch. Aber die Milch ist nicht das einzige Kriterium. Kenner unterscheiden auch je nach Konsistenz : Weichkäse oder Hartkäse, gepresste und gekochte oder nicht gekochte Käsemasse. Bei diesem Thema erinnert man sich an die heftigen Proteste der französischen Käsehersteller und Käseliebhaber, als die europäischen Behörden versuchten, den Verkauf oder zumindest den Export von Rohmilchkäse zu verbieten. Man kann sich den Aufschrei vorstellen, den es in Deutschland gäbe, wenn Brüssel den Export von Bier verbieten würde, unter dem Vorwand, dass das berühmte deutsche « Reinheitsgebot » von den europäischen Regeln abweicht.

Aber kommen wir zum Käse zurück. Die Fachleute interessieren sich nicht nur für seine Konsistenz. Der Urzustand ist zwar immer der « Bruch » (die Dickmilch), aber die Kunst des Käsemachers besteht darin, mit dem Feuchtigkeitsgrad zu spielen. So kann der Käse cremig, hart oder

tueux, dur ou friable et c'est le processus de maturation qui sera déterminant. L'amateur de fromage s'intéressera également à la consistance et à la couleur de la croûte, qui sera « fleurie » – comme pour le camembert qui, au fil de l'affinage, se couvre d'une fine couche de moisissure blanche – ou « lavée » à l'eau salée, parfois même à l'alcool – au Marc de Bourgogne pour l'époisse par exemple, ce qui produit une croûte rougeâtre.

Un dernier point auquel de nombreux amateurs de fromages attachent une certaine importance : l'appellation d'origine contrôlée (ou AOC). Il en existe quarante à l'heure actuelle, et de nombreuses régions de production se battent pour protéger le nom de leurs fromages. (C'était le cas pour le banon, par exemple, ce petit fromage de chèvre, parfois enduit de marc de raisin, et qui murit enveloppé dans une feuille de châtaigner. La lutte des producteurs de la région de Banon, petite ville de Haute-Provence, pour se protéger des contrefaçons de qualité médiocre a duré des décennies.)

Mais trêve de belles théories ! La pratique nous appelle. Partons plutôt pour un petit tour de France. Béret vissé sur la tête, dans le sac à dos une baguette bien croustillante (emballée dans une serviette à carreaux !) allons faire une randonnée gourmande, sur les traces de quelques délicieux fromages. Mais n'oublions pas d'emporter aussi un verre … car qui aime le fromage ne peut se passer de vin !

bröckelig sein, entscheidend ist der Reifeprozess. Der Käseliebhaber wird sich natürlich auch für die Konsistenz und die Farbe der Rinde interessieren. Beim Reifungsprozess des Camemberts zum Beispiel bildet sich eine weiße, weiche Schicht; bei dieser Form vom Schimmelbildung sprechen die Franzosen von einer «blumigen» Rinde; – bei den Weichkäsen, die während der Reifung mit Salzwasser – und manchmal sogar, beim Époisse zum Beispiel, mit burgundischem Tresterschnaps – bestrichen werden, bildet sich eine rötliche Rinde.

Noch etwas, was vielen Käseliebhabern wichtig ist: die «geprüfte Herkunftsbezeichnung» (AOC). Es gibt gegenwärtig immerhin vierzig davon und in vielen Produktionsgegenden wird darum gekämpft, dass der Name ihrer spezifischen Käsesorte geschützt wird. (Dies war zum Beispiel der Fall beim Banon, jenem kleinen Ziegenkäse, der manchmal mit etwas Tresterschnaps eingerieben und zur Reifung immer in ein Kastanienblatt eingewickelt wird. Der Kampf der Käsehersteller aus der Gegend von Banon, einem Städtchen der Haute-Provence, in dem es darum ging, sich vor schlechteren Nachahmungen zu schützen, währte Jahrzehnte!)

Aber Schluss jetzt mit der Theorie! Die Praxis ruft. Brechen wir lieber auf zu einer kleinen Frankreich-Tour. Baskenmütze auf dem Kopf, im Rucksack eine schön knusprige Baguette (in eine karierte Serviette gewickelt!), brechen wir auf zu einer kulinarischen Wanderung auf den Spuren von ein paar leckeren Käsesorten. Und wir vergessen auch nicht, ein Glas einzupacken … denn wer gern Käse isst, kann auf den Wein nicht verzichten!

Le reblochon

Même un produit en apparence aussi banal que le fromage illustre l'ingéniosité du petit peuple pour échapper à l'avidité de ceux qui l'exploitent. C'est ainsi que le reblochon, un fromage de Savoie, apparaît dans les textes du XVIe siècle comme une sorte de joyeux bras d'honneur à ceux qui venaient contrôler la production du lait. Reblochon signifie « traire une deuxième fois » (*reblocher* en savoyard). Dès la nuit tombée, après le passage des contrôleurs, les fermiers effectuaient une seconde traite. Le lait était alors peu abondant, mais riche en crème et donc de meilleure qualité et bien plus propice à la fabrication du fromage. Et quel bonheur de jouer un vilain tour aux représentants du pouvoir ! L'esprit frondeur des Français, leur plaisir à rouler le fisc apparaît là dans toute sa splendeur.

Le camembert

De nos jours on en fabrique dans le monde entier, mais celui de Normandie est le seul authentique ! La légende dit qu'il a vu le jour sous les doigts de Marie Harel, fermière d'un petit village normand nommé … Camembert. En octobre 1790, en pleine Révolution cette femme aurait aidé un prêtre réfractaire originaire de la Brie – une région à l'est de l'Île-de-France – à échapper aux républicains. Pour la remercier, cet homme lui aurait révélé le secret de fabrication du fromage de Brie. Cepen-

Reblochon

Selbst ein scheinbar so banales Produkt wie Käse kann Beweis für die erfinderische Begabung der einfachen Leute sein, wenn es darum geht, der Gier jener zu entwischen, die sie ausbeuten. Und so taucht der Reblochon, ein Käse aus Savoyen, in den Texten des 16. Jahrhunderts als fröhlicher Stinkefinger gegen die Milchkontrolleure auf. Denn « Reblochon » bedeutet « ein zweites Mal melken » (nachmelken, *reblocher* in der Sprache der Savoyarden). Sobald es dunkel wurde, nachdem die Kontrolleure wieder abgezogen waren, melkten die Bauern ihre Kühe ein zweites Mal. Viel Milch gab es dann nicht, aber sie war umso sahniger, also von höherer Qualität und für die Käseherstellung viel besser geeignet. Und welch ein Glück, den Vertretern der Macht einen bösen Streich zu spielen ! Das widerspenstige Wesen der Franzosen und ihre Lust, den Staat zu beschummeln, kommen hier wunderbar zur Geltung.

Camembert

Heutzutage wird Camembert in der ganzen Welt hergestellt, aber der einzig echte ist der aus der Normandie ! Die Legende besagt, dass Camembert unter den Händen von Marie Harel entstanden ist, einer Bäuerin aus einem normannischen Dorf namens … Camembert. Im Oktober 1790, mitten in der Revolutionszeit, soll diese Frau einem den Eid verweigernden Priester aus der Brie, einer Region im Osten der Île de France, geholfen haben, den Republikanern zu entkommen. Zum Dank soll er ihr das Geheimnis der Herstellung von Brie-Käse verraten haben. In

dant, il est déjà question de camembert dans un traité de géographie de 1708, mais sans doute celui de Marie Harel était-il le meilleur. C'était en tout cas celui que Napoléon III eut l'occasion de goûter et d'apprécier, et donc de faire livrer au Palais des Tuileries … C'est ainsi que naissent les modes ! À l'époque, le transport de ce produit délicat s'effectuait sur un lit de paille, aujourd'hui remplacé par une boîte en bois de peuplier. Même lorsqu'il est bien coulant, le fromage ne peut s'en échapper, et – autre avantage de l'emballage que nous connaissons aujourd'hui – il est bien plus facile d'apposer une étiquette sur une boîte que sur un lit de paille !

Le roquefort

Jules César l'aurait goûté dans un village proche de Roquefort et qui porte aujourd'hui le joli nom de Saint-Affrique. Charlemagne quant à lui aurait été fasciné par ses marbrures – son « persillage », comme disent les spécialistes – en remontant d'Espagne. De nos jours, la réputation du roquefort ne connaît plus de frontières. Il est fabriqué exclusivement avec du lait de brebis, et son goût est aussi savoureux que la légende qui s'y rattache : un jeune berger, plus enclin à courir les jupons qu'à s'occuper de ses brebis, aurait un jour oublié dans une grotte son casse-croûte : un morceau de pain avec du caillé de lait de brebis. Plusieurs semaines ou mois après son escapade amoureuse, il s'en retourne dans la même grotte – l'histoire ne dit pas s'il était accompagné par la

einem Geographie-Traktat von 1708 war jedoch schon einmal vom Camembert die Rede gewesen, aber vermutlich war der Käse von Marie Harel der bessere. Es war jedenfalls derjenige, den Napoleon III. eines Tages probiert und sehr geschätzt hat, also hat er ihn in den Tuilerien-Palast liefern lassen … Und so entstehen Moden! Damals wurde dieses delikate Erzeugnis auf einer Strohunterlage transportiert, die später durch eine Schachtel aus Pappelholz ersetzt wurde. Auch wenn der Käse sehr reif ist, bleibt er in der Schachtel gut aufgehoben, und außerdem – das ist ein weiterer Vorzug der heutigen Verpackung – ist es viel leichter, ein Etikett auf einer Holzschachtel als auf einer Strohunterlage anzubringen.

Roquefort

Julius Cäsar soll ihn in einem Dorf in der Nähe von Roquefort gekostet haben, im heutigen Saint-Affrique. Karl der Große soll fasziniert gewesen sein von seiner Marmorierung – Fachleute sprechen von «Persillage» (von «Persil» – «Petersilie») –, als er aus Spanien zurückkehrte. Heutzutage kennt der Ruhm des Roqueforts keine Grenzen mehr. Hergestellt wird er ausschließlich aus Schafsmilch, und sein Geschmack ist so köstlich wie die Legende, die darüber kursiert: Ein junger Schäfer, der mehr Spaß hatte am Erobern von jungen Mädchen als am Schafehüten, soll eines schönen Tages in einer Höhle sein Vesper vergessen haben: ein Stück Brot mit Dickmilch. Mehrere Wochen oder Monate nach seinem Techtelmechtel kehrte er in dieselbe Höhle zurück – die Geschichte besagt nicht,

même amoureuse ! – et constate l'œuvre du pain : il avait transformé une banal caillé de brebis en roquefort. Les flèches de Cupidon ont parfois des effets étranges et inattendus.

Le comté

Au Moyen-Âge, les hivers longs et rudes imposaient aux Savoyards de mutualiser leurs compétences et leur ingéniosité. Comment stocker le lait, abondant en été, pour pouvoir en profiter l'hiver? Les producteurs de lait eurent la bonne idée de se réunir pour produire d'énormes fromages secs et durs nécessitant pour leur fabrication plus de cinq cents litres de lait chacun. Pour pouvoir entreposer ces « meules », les transporter, les vendre, donc pour faire fructifier leur production, il valait mieux s'organiser : dès le XVe siècle les premières coopératives voient le jour et prennent le nom de « fruitières ». L'idée a donc porté ses fruits !

Le crottin de Chavignol

Il arrive que les catastrophes naturelles génèrent des effets inattendus. À la fin du XIXe siècle l'épidémie du phylloxera a dévasté les vignes du Sancerrois. L'élevage de la chèvre est une tradition ancienne dans la région, mais la disparition de la vigne favorise dès lors l'extension de l'élevage

ob die Begleitung dieselbe war! – und stellte fest, was das Brot bewirkt hatte: Es hatte ganz banale Schafsdickmilch in Roquefort verwandelt. Amors Pfeile haben manchmal seltsame, unerwartete Auswirkungen.

Comté

Im Mittelalter haben die langen, harten Winter die Bauern von Savoyen dazu gezwungen, ihre Fähigkeiten und ihren Erfindungsgeist gemeinschaftlich zu nutzen. Wie sollte man die Milch lagern, die es im Sommer in großen Mengen gab, damit man auch im Winter noch etwas davon hatte? Die Milchbauern kamen auf die gute Idee, sich zusammenzutun, um riesige Hartkäse herzustellen, für die man jeweils mehr als fünfhundert Liter Milch brauchte. Um diese großen «Räder» zu lagern, sie zu transportieren und zu verkaufen, also ihre Produktion ertragreich zu machen, musste man sich ebenfalls zusammenschließen: Schon im 15. Jahrhundert wurden die ersten Molkereigenossenschaften gegründet, die in Savoyen «Fruitières» heißen. Die Idee hat also Früchte getragen!

Crottin de Chavignol

Es kann passieren, dass Naturkatastrophen unerwartete Wirkungen zeitigen. Gegen Ende des 19. Jahrhunderts hat eine Reblaus-Seuche den gesamten Rebenbestand im Umland von Sancerre vernichtet. Ziegenzucht ist in dieser Gegend eine alte Tradition, aber das Verschwinden der Weinberge hatte zur Folge, dass die Herden größer wur-

de chèvres. Une chance donc pour les amateurs de crottin de Chavignol ! Petite remarque à l'intention de ceux qui n'aiment pas trop le fromage : attention, les crottins ne sont pas des petites crottes. Les « crots » sont des trous argileux au bord des rivières où on lavait le linge. Et cet argile était utilisé pour fabriquer les moules à fromage permettant d'égoutter le caillé. Résultat : de petits fromages fermes, légèrement acidulés, aux arômes rappelant la noisette. Chavignol est un ancien village berrichon. Le mariage entre un lieu et un objet a donc donné naissance au nom d'un fromage.

Le munster ou «Minschterkäs»

Ce fromage merveilleusement odorant est sans aucun doute l'un des symboles forts de l'Alsace. Son nom est assimilé à celui d'une jolie petite bourgade du Haut-Rhin. Mais sa véritable histoire n'a rien à voir avec la ville de Munster. Ce sont des moines irlandais venus christianiser le Sud de l'Alsace au IXe siècle qui en auraient importé la recette. Et l'origine du nom de Munster, « Münster » en allemand, est la même que celle des mots « monastère » ou « moine » : les moines irlandais auraient laissé leur recette dans une abbaye de la région où les paysans réglaient une partie de leurs impôts sous forme de lait ou de fromage. Si l'odeur de ce fromage est parfois redoutable, la douceur, la finesse de son goût, alliées

den. Ein Glück also für die Liebhaber des Crottin de Chavignol ! Eine kleine Bemerkung für diejenigen, die Käse nicht allzu sehr mögen. Vorsicht, « crottins » sind keine kleinen « crottes », keine « Scheißhäufchen » also. Die *crots* waren Löcher im lehmhaltigen Boden entlang der Flüsse, in denen Wäsche gewaschen wurde. Dieser Lehm wurde benutzt, um Käseformen herzustellen, in denen man die Dickmilch austropfen lassen konnte. Ergebnis waren kleine, fein säuerliche Ziegenkäse von kompakter Konsistenz mit dezent nussigem Aroma. Chavignol ist ein Dorf im Berry. Die Verbindung zwischen einem Ort und einem Gegenstand hat also zu einem Käsenamen geführt.

Münsterkäse

Dieser wunderbar duftende Käse ist zweifelsohne eines der Wahrzeichen des Elsass. Der Name wird in Verbindung gebracht mit einer hübschen Kleinstadt des Oberelsass. Aber in Wahrheit hat die Geschichte dieses Käses nichts mit dem Städtchen Münster zu tun. Es waren wohl irische Mönche, die das Rezept mitgebracht haben, als sie im 9. Jahrhundert das Elsass zum Christentum bekehren wollten. Der Name geht auf das deutsche Wort « Münster » zurück und hat den gleichen Wortstamm wie *monastère* (Kloster) oder *moine* (Mönch) : Die irischen Mönche sollen das Käserezept in einem Kloster der Gegend hinterlassen haben, wo die Bauern einen Teil ihrer Steuern in Form von Milch oder Käse entrichteten. Wenn auch der Duft von Münsterkäse zuweilen erschreckend sein kann, so kann doch der feine Geschmack, allen Kirchenleuten zum Trotz,

à une gorgée de Gewurztraminer, peut conduire, n'en déplaise aux hommes d'Église qui l'ont élaboré, au doux péché de gourmandise.

Mais arrêtons là notre petit voyage. Car si de Gaulle parlait de trois cent cinquante fromages français différents, plus de cinq cents sont répertoriés de nos jours par les services compétents du ministère de l'agriculture. S'il fallait consacrer un chapitre à chacun d'entre eux, notre tour de France gourmand remplirait au moins trois gros volumes. Offrons-nous plutôt une dernière gorgée de Gewurztraminer, c'est un excellent digestif !

die ihn entwickelt haben, zur schönen Sünde der Gefräßigkeit führen, vor allem wenn der Genuss mit einem guten Schluck Gewürztraminer verbunden wird.

Aber Schluss jetzt auch mit unserer kleinen Reise. De Gaulle sprach einst von dreihundertfünfzig französischen Käsesorten, aber heutzutage sind mehr als fünfhundert beim Landwirtschaftsministerium registriert. Wenn wir jeder ein eigenes Kapitel widmen wollten, würde unsere Genießerreise durch Frankreich mindestens drei dicke Bände füllen. Also lieber jetzt noch einen Schluck Gewürztraminer zum Abschluss, denn der ist ein wunderbarer Digestif!

Bitte fordern Sie unseren Prospekt an unter
zweisprachig@dtv.de oder besuchen Sie uns im Internet
unter www.dtv.de
Deutscher Taschenbuch Verlag
Tumblingerstraße 21
80337 München